35세,
평생 연금을 설계할
마지막 타이밍

35세,

ETF 배당금
재투자로 완성하는
**시스템
연금 전략**

평생 연금을 설계할
마지막 타이밍

최윤영(황금별) 지음

위즈덤하우스

초심자라면 책을 본격적으로 읽기 전에 한 번 훑어보고 넘어가도 되고, 이미 아는 내용이라면 바로 본론으로 들어가도 좋습니다.

ETF의 종류

ETF는 투자 자산과 운용 전략에 따라 매우 다양한 종류로 나뉘지만, 크게 보면 패시브 ETF와 액티브 ETF로 구분할 수 있습니다. 패시브 ETF는 특정 지수를 그대로 추종해 시장 평균 수익률을 목표로 하는 상품인 반면, 액티브 ETF는 펀드매니저가 종목을 선별하고 비중을 조절해 시장 대비 초과 수익을 추구하는 상품입니다. 이 때문에 패시브 ETF는 흔히 '시장 전체를 사는 전략', 액티브 ETF는 '기회를 골라 담는 전략'으로 설명되기도 합니다.

ETF는 태생적으로 패시브의 성격을 지닌 상품이기 때문에, 우리가 잘 알고 있는 SPY나 QQQ처럼 주가지수를 그대로 따라가는 ETF들은 대표적인 패시브 ETF에 해당합니다. 이러한 ETF의 수익률은 특정 종목이 아니라 지수의 움직임에 의해 결정됩니다.

반면 액티브 ETF는 자산운용사가 수익률이 높을 것으로 판단되는 종목을 선정해 직접 운용하는 상품입니다. 각 운용사와 펀드매니저의 전략에 따라 지수를 넘어서는 '초과 수익'을 추구한다는 점이 특징입니다. 즉, 특정 분야의 전문가가 종목을 선별하고 비중을 조정함으로써 지수의 성장률을 웃도는 성과를 기대하는 구조입니다.

다만 액티브 ETF는 펀드매니저의 판단과 역량에 따라 운용 성과가 크게 달라질 수 있기 때문에, 운용 주체의 철학과 실적을 함께 살펴보는 것이 중요합니다. 이미 많은 분들에게 잘 알려진 미국의 캐시 우드(Cathie Wood)가 운용하는 아크 인베스트먼트의 ARKK나 ARKG와 같은 테마형 ETF들이 대표적인 액티브 ETF 사례입니다.

앞에서 이야기한 것과 같이 ETF는 크게 분류하면 패시브 ETF와 액티브 ETF로 나뉘지만, 이를 세분화하면 다음과 같은 일곱 가지 유형으로 구분할 수 있습니다.

첫째, 지수형 ETF입니다. 특정 주가지수를 그대로 추종하는 ETF로, 다우지수를 추종하는 DIA, S&P500지수를 추종하는 SPDR의 SPY, 뱅가드 그룹의 VOO, 블랙록의 IVV, 그리고 나스닥지수를 추종하는 인베스코의 QQQ 등이 대표적입니다. 가장

● ETF 종류

구분	주요 특징	대표 ETF
지수형 ETF	추종하는 지수를 유사하게 따라가도록 구성된 ETF	S&P500: SPY, IVV NASDAQ100: QQQ DOW JONES: DIA
섹터형 ETF	각 산업 섹터에 해당하는 종목들에 투자하는 ETF	기술주 섹터: VGT(뱅가드그룹) 헬스 섹터: XLV(SPDR) 금융 섹터: XLF(SPDR)
테마형 ETF	바이오, 4차산업 등 성장 가능성이 높은 테마주로 구성	바이오테크: IBB(블랙록) 미래혁신기업: ARKK(아크) 클라우드테마: SKYY(FIRST T)
채권형 ETF	미국의 단기, 장기채권에 분산 투자하는 ETF	20년물 장기채권: TLT 10년물 장기채권: IEF 1년물 단기국채: SHY
배당형 ETF	분기나 월별 배당금을 지급하는 종목들을 취합해 구성	배당 성장: SCHD, DGRO 고배당 커버드콜: JEPI, QYLD 우선주: PGX, PFF
파생상품 ETF	레버리지와 인버스 ETF	레버리지: TQQQ, UPRO, TMF 인버스: SQQQ, QID
원자재형 ETF	원유, 금, 은, 농산물 등과 같은 원자재에 투자하는 ETF	원유 ETF: UCO(프로쉐어즈) 금광 ETF: GDX(VanEk)

패시브한 전략으로 운용되며 운용 보수가 저렴한 편입니다. 지수형 ETF는 일반적으로 패시브 ETF로 분류되며, 구조가 단순해 초보 투자자도 비교적 부담 없이 접근할 수 있습니다. 그만큼 가장 많은 투자자와 자금을 보유한 ETF 유형이기도 합니다.

둘째, 섹터형 ETF입니다. 미국 주식시장은 IT, 금융, 헬스케어, 산업재, 부동산, 에너지 등 총 11개의 산업 섹터로 나뉘는데, 섹터형 ETF는 이 가운데 특정 산업에 속한 기업들만 선별해 투자하는 상품입니다.

셋째, 테마형 ETF입니다. 바이오, 인공지능(AI), 클라우드, 전기차 등 시장에서 주목받는 특정 테마에 속한 기업들에 투자하는 ETF입니다. 섹터형 ETF와 테마형 ETF는 해당 산업이나 테마에 호재가 발생할 경우 높은 수익을 기대할 수 있지만, 반대로 관심이 식거나 재료가 소진될 경우 큰 손실로 이어질 가능성도 있습니다. 따라서 유행에 따라 움직이는 투자는 각별한 주의가 필요합니다.

넷째, 채권형 ETF입니다. 미국의 단기채, 중·장기 국채, 회사채, 고수익 채권(하이일드채) 등 다양한 채권에 투자하는 ETF로, 포트폴리오의 변동성을 완화하는 역할을 합니다.

다섯째, 배당형 ETF입니다. 안정적인 배당을 지급하는 기업이나 고배당주에 투자해 분기 또는 월배당금을 지급하는 ETF입니다. 은퇴 준비나 현금흐름을 중시하는 투자자에게 특히 관심을 받는 유형입니다.

여섯째, 파생상품 ETF입니다. 기초지수의 두 배, 세 배 수익률을 추구하는 레버리지 ETF나 지수 하락 시 수익을 추구하는 인버스 ETF가 여기에 해당합니다. 구조가 복잡하고 변동성이 크기 때문에 단기 매매용 상품으로 분류됩니다.

일곱째, 원자재형 ETF입니다. 금, 은, 석유, 농산물 등 실물자산의 가격을 추종하는 ETF입니다. 다만 원자재 가격은 일별 변동성이 크고, 수급과 지정학적 요인의 영향을 크게 받기 때문에 관련 지식이 부족한 일반 투자자에게는 다소 어려운 분야일 수 있습니다. 이외에도 특정 국가의 통화 가치에 연동되는 통화 ETF, 친환경·지속 가능 기업에 투자하는 ESG ETF 등 ETF의 영역은 계속해서 확장되고 있습니다.

그렇다면 이렇게 다양한 상품 중에서 어떤 ETF에 투자하는 것이 바람직할까요? ETF 입문자나 초보 투자자라면 구조가 복잡하고 변동성이 큰 상품보다는, 누구나 이해하기 쉽고 시장에서 오랜 기간 검증된 안정적인 것부터 시작하는 것이 좋습니다. 그러나 국내 투자자들 가운데에는 ETF에 대한 충분한 학습 없이 테슬라 두 배 레버리지 ETF(TSLL), 반도체 세 배 레버리지 ETF(SOXL), 나스닥 세 배 레버리지 ETF(TQQQ)와 같은 고위험·고수익 상품에 먼저 투자하는 경우도 적지 않습니다. 빠른 부를 기대하기 때문입니다.

이제 막 ETF를 공부하고 투자를 시작하는 단계라면, 운용 보수가 저렴하고 분산 효과가 뛰어난 지수 추종 ETF부터 접근하길 권합니다. 이후 안정적인 현금흐름을 제공하는 배당 ETF와 커버드콜 ETF를 경험해 보고, 투자 경험이 쌓이면 위험 분산을 위한 채권형 ETF를 포트폴리오에 추가하는 것이 바람직합니다. 충분한 학습과 시장 경험을 거친 뒤에야 테마형 ETF나 레버리지 ETF와 같은 전략형·액티브 ETF로 투자 범위를 넓히는 것이 보다 안정적인 접근법이라 할 수 있습니다.

ETF 트렌드

ETF는 1990년대 초반에 처음 등장한 이후, 투자환경과 시장 수요에 맞춰 시대별로 다양한 형태와 전략으로 진화해왔습니다. 특히 최근에 등장한 자산운용사들은 투자자들의 니즈를 반영한 혁신적인 ETF를 연달아 출시하고 있습니다.

● 세대별 ETF

세대	시기	특징	대표 ETF
1세대	1990년대	시장 전체에 투자하는 패시브 ETF 등장	SPY, QQQ
2세대	2000년대	섹터형·테마형 및 레버리지 등 액티브 ETF 등장	—
3세대	2010년대	리스크 관리형 커버드콜 ETF 등장	XYLD, QYLD, JEPI, JEPQ
4세대	2020년대	진화한 커버드콜 액티브 ETF 확산 및 비트코인 등 암호화폐 ETF 등장	MSTY, CONY, BITO

✅ 1세대 패시브 ETF에서 2세대 테마형 ETF까지 (1990~2009)

1990년대 1세대 ETF는 시장 전체에 투자하는 패시브 ETF가 중심이었습니다. 1993년 SPY가 등장하면서, 개별 종목을 분석해 골라야 하는 번거로움 없이 시장 지수 전체에 간편하게 투자할 수 있다는 점이 큰 장점으로 부각되었고, 이를 계기로 ETF는 빠르게 주목받기 시작했습니다.

다만 패시브 투자는 시장 지수를 그대로 추종하는 구조이기 때문에, 시장 평균을 넘어서는 수익을 기대하는 투자자들의 욕구를 충족시키기에는 한계가 있었습니다. 위험을 감수하더라도 더 높은 수익을 추구하려는 투자자들이 늘어나면서, 2000년대에 들어 IT 기술주를 중심으로 한 주가 상승 흐름과 맞물려 특정 산업에 집중 투자하는 2세대 섹터형 ETF가 등장하게 됩니다. IT, 헬스케어, 에너지 등 특정 산업에 투자하는 ETF들이 본격적으로 확산되었고, 투자자들의 관심 역시 시장 전체에서 특정 분야로 이동하기 시작했습니다. 이 시기를 기점으로 ETF는 단순한 패시브 상품을 넘어 전술적 투자 수단으로 진화하기 시작했습니다.

✓ 3세대 커버드콜 ETF의 등장(2010~2019)

2008년 미국 금융시스템 붕괴로 촉발된 세계 금융위기는 ETF에 대한 투자 관점을 크게 바꾸는 계기가 되었습니다. 시장을 이기는 투자는 없다는 사실이 여실히 드러나면서, 2008년 금융위기 속에서 ETF 역시 예외 없이 큰 폭의 하락을 겪게 됩니다. 지수를 추종하는 대표적인 패시브 ETF인 SPY는 전 고점 대비 50% 이상 폭락했으며, 일부 섹터형 ETF의 낙폭은 이보다 훨씬 컸습니다.

금융 섹터 ETF인 XLF는 리먼브라더스 파산과 AIG, 베어스턴스의 부실 사태 등 금융권 전반의 붕괴로 인해 무려 80%나 하락했고, 부동산 섹터 ETF인 IYR 역시 서브프라임 모기지 사태의 여파로 70%에 달하는 폭락을 경험했습니다. 레버리지 ETF의 경우에는 90% 이상 하락하거나, 사실상 원금 전액 손실에 가까운 수준까지 추락하기도 했습니다.

2008년과 같은 금융위기를 한 번이라도 직접 경험해 보면, 시장이 얼마나 냉혹하고 무서운 곳인지를 뼈저리게 깨닫게 됩니다. 투자를 오래 하다 보면 조정장이나 약세장은 수시로 오며, 30% 이상 하락하는 급락장 역시 피할 수 없이 마주하게 됩니다. 지난 100여 년간의 뉴욕 증시 역사 속에서 어떤 대폭락장이 있었고, 투자자들이 이에 어떻게 대응해야 하는지에 대해서는 책의 후반부에서 보다 자세히 설명하겠습니다.

다시 본래의 주제로 돌아오면, 금융위기 이전까지만 해도 ETF는 주로 저비용 분산투자를 위한 수단으로 인식되었습니다. 그러나 금융위기 이후에는 ETF가 보다 전략적이고 적극적인 투자 수단으로 주목받기 시작합니다. 2000년대 초 닷컴버블과 2008년 글로벌 금융위기 등 연이어 찾아온 시장의 위기 속에서, 투자자들은 리스크 관리를 위한 새로운 해법을 모색하게 되었고, 그 과정에서 커버드콜 전략을 활용한 ETF들이 등장하게 됩니다.

커버드콜 ETF는 옵션 거래를 통해 발생하는 프리미엄 수익을 기반으로 연 10%를 넘는 높은 배당률을 지급하는 배당형 전략 ETF입니다. 단순 계산으로 매년 10%의 배당을 받는다면, 10년이면 투자 원금이 두 배가 될 수 있습니다. SPY의 지난 30년간 연평균 성장률이 약 9.6% 수준이라는 점을 감안하면, 커버드콜 ETF에 투자해 배당금만으로도 시장 평균에 준하는 수익률을 기대할 수 있다는 계산이 나옵니다.

　금융위기로 주가 폭락을 경험하며 투자금의 절반 이상을 잃는 아픈 경험을 한 투자자들에게, 연 10% 수준의 배당을 제공하는 커버드콜 ETF는 시장 리스크를 헤지할 수 있는 새로운 투자 전략으로 부상하게 됩니다.

✓ 4세대 커버드콜 ETF의 전성시대 및 암호화폐 ETF 등장 (2020~)

2020년 이후 저금리와 고변동성 환경 속에서 커버드콜 ETF는 전성기를 맞이하게 됩니다. 인플레이션 우려, 시장 변동성 확대, 금리 인상 등 대외 환경 변화 속에서 안정적인 현금흐름(=배당)을 추구하는 투자자들의 수요가 증가하면서 커버드콜 ETF들이 연달아 출시되었고, 시장은 폭발적으로 성장하기 시작했습니다.

　최초의 커버드콜 ETF는 2013년 12월 출시된 미국 글로벌 X(Global X)의 QYLD입니다. QYLD가 고배당을 원하는 투자자들 사이에서 인기를 끌자, 이후 다양한 커버드콜 ETF들이 시장에 등장했습니다. 다만 커버드콜 ETF의 전성시대를 본격적으로 연 상품은 2020년 5월 JP모건 자산운용사가 출시한 JEPI라고 볼 수 있습니다. JEPI의 큰 성공 이후 2022년 JEPQ가 출시되면서, 바야흐로 커버드콜 ETF 전성시대가 활짝 열리게 되었습니다.

　이후 2022년부터는 초고배당률 커버드콜 ETF들이 등장하며, 한 단계 진화한 커버드콜 액티브 ETF가 확산되기 시작합니다. 연

배당률 50%는 물론 100%를 넘기는 상품들까지 등장하면서, 기존 커버드콜 전략의 한계를 극복하고자 하는 시장의 요구와 고수익을 추구하는 투자자들의 니즈가 맞물려 큰 돌풍을 일으켰습니다. 전통적인 커버드콜 ETF가 주식 보유와 콜옵션 매도를 통해 비교적 안정적인 월배당을 제공해 왔다면, 최근 등장한 일드맥스(YieldMax)의 MSTY나 CONY 같은 초고배당률 커버드콜 ETF는 여기에 더해 인기 빅테크 기업을 기초자산으로 활용하고, 프리미엄 수익 빈도와 옵션 만기를 전략적으로 조절함으로써 배당 수익의 극대화를 추구합니다.

인플레이션과 금리 상승기를 거치며 투자자들의 관심이 '자본이익(Capital Gain)'에서 '현금흐름(Cash Flow)'으로 이동하면서, 월배당만으로 단기간 내 원금 회수가 가능한 고수익 상품에 대한 관심도 폭발적으로 증가했습니다. 이러한 투자자들의 니즈에 따라 신생 자산운용사들이 연 배당률 50% 이상의 분배율을 목표로 한 새로운 구조의 ETF를 출시하게 된 것입니다.

커버드콜 ETF의 전성시대와 함께, 또 하나의 ETF 메가 트렌드 변화도 나타나고 있습니다. 바로 '암호화폐 ETF의 등장'입니다. 비트코인을 중심으로 한 디지털 자산에 대한 관심이 급증하면서, 일반 투자자들이 보다 안전하고 규제된 환경에서 투자할 수 있는 전통 금융 시스템 내 암호화폐 ETF에 대한 수요가 확대되었습니다. 그 결과 2021년 ProShares에서 비트코인 선물 ETF인 BITO가 미국 SEC의 승인을 받으며 최초로 등장했습니다. 이후 다수의 자산운용사들이 비트코인과 이더리움 기반 ETF를 출시했고, 2024년에는 마침내 비트코인 현물 ETF가 공식 승인되면서 암호화폐 ETF 시장은 제도권 금융 내에서 본격적으로 자리 잡게 되었습니다. 이제 다음 세대를 대표할 ETF는 '암호화폐' 관련 ETF가 될 가능성이 높다고 볼 수 있습니다.

우리가 ETF의 시대별 트렌드 변화를 학습해야 하는 이유는 금융시장의 흐름과 투자자 심리 그리고 자산운용 전략이 어떻게 진화해 왔는지를 이해함으로써, 현재 우리가 처한 시장 환경에서 어떤 ETF가 적합한지, 나아가 앞으로 어떤 ETF가 유망해질지를 예측할 수 있기 때문입니다.

ETF는 단순히 특정 자산을 추종하는 투자 수단을 넘어, 각 시대의 경제 환경과 투자자 니즈에 맞추어 수동형에서 능동형으로, 배당 중심 전략에서 월 현금흐름 전략으로, 더 나아가 테마 기반·인공지능 기반 ETF에 이르기까지 끊임없이 진화해 왔습니다. 따라서 시대별 ETF 트렌드를 이해하는 일은 단순히 상품을 선택하는 문제를 넘어, 자신의 투자 철학과 자산 배분 전략을 시대 변화에 맞게 재정립하는 과정이라고 할 수 있습니다.

특히 변동성이 확대되고 금리와 인플레이션 등 거시경제 요인이 빠르게 변화하는 현대 금융시장에서는, 과거에 효과적이었던 투자 전략이 현재에도 그대로 통할 것이라고 장담할 수 없습니다. 이런 환경 속에서 ETF라는 투자 도구가 각 시대의 변화에 어떻게 대응해 왔는지를 학습하는 것은, 리스크를 관리하고 새로운 기회를 포착하기 위해 반드시 필요한 과정입니다.

결국 ETF의 트렌드는 투자자의 눈에 보이지 않는 '시대의 금융 언어'라고 할 수 있으며, 이 언어를 읽을 수 있을 때 우리는 보다 유연하고 현명한 투자 판단을 내릴 수 있게 됩니다.

ETF 투자 시 필수 체크사항

ETF에 투자할 때는 다음과 같은 사항들을 반드시 체크해야 합니다. 각 항목들은 투자 성과와 리스크 관리에 직결되므로, 투자에 앞서 신중한 검토가 필요합니다.

ⓥ 상장 연도(출시 연도)

ETF 투자 시 출시 연도가 중요한 이유는, 해당 ETF가 얼마나 오랫동안 시장에서 안정적으로 운용되어 왔는지, 투자 전략이 실제로 효과적이었는지를 검증할 수 있는 기준이 되기 때문입니다. 신생 ETF는 운용 이력이 짧아 과거 시장 상황에서의 성과나 리스크 대응력을 판단하기 어렵고, 유동성이나 거래량이 충분하지 않은 경우도 많아 매매 시 슬리피지(가격 불이익)나 상장폐지 위험이 상대적으로 클 수 있습니다.

반면 출시된 지 오래된 ETF는 여러 시장 사이클(호황, 불황, 위

구분	항목	핵심 내용
1	상장 연도	언제 출시되었는지에 따라 시장 변동성 및 운용 성과를 함께 확인
2	자산운용사 신뢰도	대형 자산운용사인지, 중소형 운용사인지에 따라 안정성과 지속성이 달라질 수 있음
3	기초자산(추종지수)	어떤 지수를 추종하는지에 따라 ETF의 성과와 변동성이 크게 달라짐
4	운용 전략	패시브, 커버드콜, 레버리지, 인버스 등 운용 방식에 따라 위험과 수익 구조가 다름
5	총 수익률 (Total Return)	주가 수익률과 배당 수익률을 합산한 총 수익률을 기준으로 판단
6	총 운용 자산(AUM)	규모가 너무 작으면 ETF 청산 위험이 있으므로 최소 1억 달러 이상
7	운용 수수료	수수료가 낮을수록 장기 투자자에게 유리
8	거래량과 유동성	거래량이 적으면 매매 시 손실이 발생할 수 있으며, 유동성이 높을수록 유리

기 등)을 거치며 생존해 왔고, 그 과정에서 축적된 운용 성과, 자금 유입 추이, 분배금 이력 등을 통해 신뢰성과 투자 지속 가능성을 비교적 객관적으로 평가할 수 있습니다. 또한 ETF의 출시 시점은 당시의 시장 환경과 투자 트렌드를 반영하고 있기 때문에, 해당 ETF가 어떤 목적과 전략으로 설계되었는지를 파악하는 단서가 됩니다.

따라서 현재의 투자 목적이 ETF가 만들어진 당시의 목적과 여전히 부합하는지 점검할 필요가 있으며, 이런 점에서 출시 연도는 단순한 참고 정보가 아니라 그 ETF의 '실전 검증 기간'을 보여주는 중요한 지표라고 할 수 있습니다.

⊘ 자산운용사 신뢰도

ETF를 선택할 때는 자산운용사의 브랜드와 운용 역량 역시 중요한 판단 기준이 됩니다. 검증된 글로벌 자산운용사나 ETF 전문 운용사가 출시한 상품일수록, 리스크 관리 체계와 운용 노하우가 축적되어 있어 상대적으로 안정적인 운용을 기대할 수 있기 때문입니다.

자산운용사의 신뢰도가 중요한 이유는, ETF가 겉으로는 단순히 지수를 추종하는 상품처럼 보일 수 있지만, 실제로는 자산을 어떻게 구성하고 관리하느냐에 따라 성과와 안정성이 크게 달라지기 때문입니다. 신뢰할 수 있는 운용사는 정확하고 투명한 지수 복제, 효율적인 거래 집행, 낮은 추적 오차 관리, 시장 위기 상황에서의 리스크 대응 능력을 갖추고 있어 투자자의 자산을 보다 안정적으로 운용할 가능성이 높습니다.

반면 검증되지 않은 운용사의 경우, 금융위기나 급격한 시장 변동 국면에서 유동성 부족, 부실한 운용, 추적 오차 확대, 나아가 ETF 상장폐지와 같은 위험에 노출될 가능성이 상대적으로 큽니다. 또한 운용사의 평판은 기관 투자자와 시장의 신뢰도, ETF로 유입되는 자금 규모, 그리고 장기적인 운용 지속 가능성에도 직접적인 영향을 미칩니다.

결국 자산운용사의 신뢰도는 ETF의 유동성, 수수료 수준, 장기 생존력과도 밀접하게 연결되므로, ETF를 선택할 때는 단기적인 수익률뿐만 아니라 해당 상품을 운용하는 회사가 충분한 경험과 투명성을 갖춘 곳인지 반드시 함께 고려해야 합니다.

⊘ 기초자산

ETF가 어떤 자산을 추종하는지는 반드시 확인해야 합니다. 기초 자산을 살펴봐야 하는 이유는, ETF의 수익률과 리스크가 결국 이 기초자산의 성격과 성과에 의해 결정되기 때문입니다. ETF 투자는 단순히 상품명이나 운용사 브랜드만 보고 판단하는 것이 아니라, 해당 ETF가 실제로 무엇에 투자하고 있는지를 정확히 이해하는 데서 출발해야 합니다.

어떤 ETF는 미국 대형 기술주에 투자하고, 어떤 ETF는 신흥국 국채, 원자재(금·원유), 부동산 리츠 또는 로보틱스·AI와 같은 테마주에 투자합니다. 이처럼 기초자산의 유형(주식, 채권, 원자재 등)과 투자 지역(미국, 유럽, 중국, 신흥국 등), 섹터(헬스케어, 에너지, 기술 등)에 따라 시장 변동성, 환율 영향, 성장 가능성, 리스크 수준은 크게 달라집니다.

또한 같은 '나스닥 ETF'라 하더라도, 나스닥100지수를 그대로 추종하는 상품이 있는 반면, 고배당 기술주에 집중하거나 레버리지 전략을 결합한 상품도 존재합니다. 이러한 차이를 충분히 확인하지 않으면, ETF 이름만 보고 투자 목적과 맞지 않는 상품을 선택하는 오류를 범할 수 있습니다.

결국 ETF 투자는 기초자산이라는 '속'을 들여다봐야만 수익 구조와 위험 요소를 정확히 이해할 수 있습니다. 이를 통해 자신의 투자 목표에 부합하는 ETF를 선별하고, 불필요한 리스크를 피할 수 있습니다. 따라서 ETF 투자에서 기초자산에 대한 검토는 단순한 상품 비교가 아니라, 투자 전략을 세우는 출발점이라 할 수 있습니다.

✅ 운용 전략

ETF 투자 시 해당 ETF가 패시브(지수 추종)인지, 커버드콜 전략을 사용하는지 혹은 레버리지·인버스 상품인지 등 운용 전략을 정확히 검토해야 하는 이유는, 전략에 따라 수익 구조와 위험 수준, 투자 목적과의 적합성이 완전히 달라지기 때문입니다.

예를 들어 패시브 ETF는 특정 지수를 그대로 추종하므로 시장 평균 수익률을 목표로 한 장기 투자에 적합합니다. 반면 커버드콜 ETF는 옵션 프리미엄을 통해 월배당과 같은 현금흐름을 제공하지만, 상승장에서는 주가 상승에 따른 수익이 제한되는 구조적 한계를 가지고 있습니다.

레버리지 ETF는 기초 지수의 수익률을 두 배, 세 배로 추종하는 상품으로 단기적인 시장 방향성에 베팅하는 데 활용되지만, 복리 효과와 변동성 누적으로 인해 장기 보유 시 원금 훼손 위험이 매우 큽니다. 인버스 ETF 역시 지수가 하락할 때 수익을 얻을 수 있는 구조이지만, 상승장에서는 손실이 빠르게 확대되므로 시장 방향에 대한 명확한 판단이 있을 때 단기적으로만 활용해야 하는 고위험 전략입니다.

이처럼 운용 전략은 단순한 상품 설명을 넘어, ETF가 어떤 시장 환경에서 어떻게 작동하는지를 결정하는 핵심 요소입니다. 전략을 충분히 이해하지 않은 채 투자할 경우, 기대했던 수익 구조와 전혀 다른 결과를 경험하거나 예상치 못한 손실을 입을 수 있습니다. 따라서 ETF 투자에 앞서 해당 상품의 운용 전략을 정확히 이해하고, 자신의 투자 목표와 투자 기간 그리고 감내할 수 있는 리스크 수준에 부합하는 전략인지 점검하는 과정은 반드시 필요합니다.

✓ 총 수익률

ETF의 총 수익률(Total Return)은 주가 수익률과 배당 수익률을 합산한 실제 수익률로, ETF가 출시된 이후 투자자가 얻을 수 있었던 전체 성과를 보여주는 핵심 지표입니다. 이는 단순히 주가가 얼마나 올랐는지를 보는 것이 아니라, 운용 기간 동안 지급된 모든 배당금과 분배금을 포함해 ETF의 '진짜 성과'를 평가하는 개념입니다.

주가 상승률만으로 ETF를 평가하면 얼마나 올랐는지는 알 수 있지만, 정기적으로 지급되는 배당금이나 분배금의 효과를 반영하지 못해 실제 수익률이 왜곡될 수 있습니다. 특히 배당형 ETF

나 커버드콜 ETF처럼 배당이 수익의 큰 비중을 차지하는 상품은, 주가 흐름만 보면 수익률이 낮아 보이더라도 배당 수익을 포함하면 실제로는 높은 성과를 기록하는 경우가 많습니다.

예를 들어 어떤 ETF가 1년 동안 주가 변화는 거의 없었지만 매달 배당금으로 연 12%를 지급했다면, 해당 ETF의 총 수익률은 12%가 됩니다. 반대로 주가가 10% 상승했더라도 배당이 거의 없거나 중간에 손실 구간이 있었다면, 실질 수익률은 기대보다 낮을 수 있습니다.

또한 총 수익률은 배당금 재투자 효과까지 반영하기 때문에, 장기 투자 관점에서 복리 효과를 고려한 실질 수익력을 평가하는 데 매우 유용합니다. 따라서 ETF를 비교하거나 선택할 때는 단순히 주가가 몇 % 올랐다는 기준이 아니라, 주가 상승과 배당 수익을 모두 포함한 총 수익률을 기준으로 판단해야 ETF의 수익성, 성장성, 투자 가치를 정확히 이해할 수 있습니다.

✓ 총 운용 자산(AUM)

AUM(총 운용 자산, Assets Under Management)을 반드시 확인해야 하는 이유는, 이 지표가 해당 ETF의 시장 신뢰도와 유동성, 안정성, 장기적인 생존 가능성을 판단할 수 있는 핵심 기준이 되기 때문입니다. AUM이 크다는 것은 그만큼 많은 투자자가 자금을 맡기고 있다는 의미로, 시장에서 이미 신뢰를 확보했고 거래 또한 활발하게 이루어지고 있음을 보여줍니다.

일반적으로 AUM이 큰 ETF는 매수·매도 호가의 차이(스프레드)가 좁아 거래 비용이 적고, 거래량이 풍부해 원하는 시점에 매매하기가 수월합니다. 또한 운용 규모가 커질수록 운용 보수율이 낮아질 여지가 크고, 기관 투자자들의 참여 비중도 높아져 가격 왜곡이나 추적 오차가 상대적으로 적은 구조를 갖게 됩니다. 이런 특성은 장기 투자자에게 중요한 안정성 요소로 작용합니다.

반대로 AUM이 지나치게 작은 ETF는 거래량이 적어 매매 시 불리한 가격에 체결될 가능성이 높고, 유동성 부족으로 인한 손실 위험도 커집니다. 더불어 운용사 입장에서도 수익성이 낮아, 자산 규모가 일정 수준 이하로 유지될 경우 상장폐지나 조기 청산 위험에 노출될 가능성도 배제할 수 없습니다.

따라서 ETF를 선택할 때 AUM은 반드시 확인해야 할 기본 조건이며, 특히 장기 보유를 염두에 둔다면 최소 수천억 원 이상의 AUM을 가진 ETF를 우선적으로 고려하는 것이 바람직합니다. 결국 AUM은 ETF의 '몸집'이자 '생존력' 그리고 시장이 부여한 '신뢰도'를 보여주는 지표로서, ETF 투자에서 가장 기본적이면서도 필수적인 체크포인트라 할 수 있습니다.

✓ 운용 수수료

운용 수수료는 ETF를 운용하는 데 들어가는 연간 비용으로, 투자자의 수익률에 직접적인 영향을 미치는 요소입니다. 대표적인 배당 ETF를 예로 들어보면, 패시브 성격의 SCHD 운용 수수료는 연 0.06%인 반면, 커버드콜 전략을 사용하는 JEPI의 운용 수수료는 연 0.35%로 상당한 차이가 있습니다.

이 차이는 두 ETF의 운용 방식에서 비롯됩니다. SCHD는 미국 대형 우량 배당주를 추종하는 패시브(지수 추종) ETF로, 별도의 종목 선별이나 파생 전략이 필요하지 않아 운용 수수료가 매우 낮습니다. 반면 JEPI는 배당주 중심의 포트폴리오에 더해 커버드콜 옵션 전략을 병행하는 액티브 ETF이기 때문에, 상대적으로 높은 운용 수수료가 부과됩니다.

예를 들어 1억 원을 투자했다고 가정하면, SCHD의 경우 연 0.06%에 해당하는 6만 원을 운용 수수료로 지급하게 됩니다. 이는 월로 환산하면 약 5,000원 수준입니다. 반면 JEPI에 1억 원을 투자할 경우, 연 0.35%인 35만 원을 운용 수수료로 지급하게 되며, 월 기준으로는 약 3만 원에 가까운 비용이 발생합니다.

이를 10년간 투자한다고 가정하면, SCHD는 총 60만 원, JEPI는 총 350만 원의 운용 수수료를 자산운용사에 지급하게 됩니다. 단기적으로는 체감하기 어려운 차이일 수 있지만, 기간이 길어질수록 이 비용은 복리 효과를 깎아 먹는 요인으로 작용합니다.

ETF는 간편하지만, 결코 간단하지 않습니다. 투자를 시작하기 전에는 해당 ETF가 무엇을 추종하는지, 어떤 구조로 수익을 만들어내는지, 나의 투자 성향과 목적에 적합한지까지 꼼꼼히 점검해야 합니다. 이런 과정이 뒷받침될 때 비로소 소중한 '내 돈'을 지킬 수 있는 ETF 투자가 시작됩니다.

바람직한 ETF 투자 전략

미국에는 300개가 넘는 자산운용사가 활동하고 있으며, 2025년 기준으로 출시된 ETF의 수만 해도 3,400개를 넘어섰습니다. 총 운용 자산(AUM)은 10조 달러, 한화로 약 1경 4,000조 원에 달합니다. 그만큼 막대한 자금이 미국 ETF 시장에 유입되어 있고, 지금 이 순간에도 각 자산운용사의 펀드매니저들은 새로운 ETF를 출시하거나 기존 상품을 뛰어넘는 운용 전략을 고민하며 또 다른 ETF를 기획하고 있습니다.

이처럼 선택지가 넘쳐나는 환경에서 미국 ETF 투자를 시작하려는 투자자에게 바람직한 전략은 오히려 단순합니다. 시장에서 이미 검증된 안정적인 ETF를 중심으로 분산 포트폴리오를 구성하고, 장기적인 관점에서 정기적이고 꾸준한 적립식 투자를 실천하는 것입니다. 이 과정에서 총 수익률(주가 수익률과 배당 수익률의 합), 총 운용 자산, 거래량, 운용 수수료와 같은 핵심 지표들을 반드시 점검해야 합니다.

아울러 변화하는 금융 트렌드 속에서 새롭게 출시되는 신생 ETF를 무조건 추종하기보다는, 기존에 안정성과 지속 가능성을 입증해 온 ETF의 구조와 운용 전략을 먼저 이해하고 비교·분석하는 태도가 필요합니다. 테마형 ETF나 고위험 ETF는 충분한 학습 이후에 포트폴리오 내 비중을 제한적으로 편입해 리스크를 관리하는 것이 바람직합니다. 이러한 접근을 통해 초보 투자자는 단기적인 시장 변동성에 휘둘리지 않고, 장기적인 자산 성장과 안정적인 수익 창출이라는 투자 목표에 한 걸음 더 가까워질 수 있습니다.

제가 생각하는 바람직한 ETF 투자는 '온고지신(溫故知新)'의 철학을 실천하는 것입니다. 온고지신은《논어》에서 공자가 제자들에게 전한 가르침으로, "옛것을 익히고 그것을 바탕으로 새것을 알 수 있다면 스승이 될 수 있다"라는 뜻을 담고 있습니다. ETF 투자 역시 단순한 상품 선택을 넘어, 각 시대의 경제 환경과 투자자들의 관심, 기술 발전에 따라 끊임없이 진화해 온 흐름의 결과물입니다.

앞으로 인공지능을 중심으로 한 산업 환경이 본격화되면서 ETF의 형태와 역할 또한 크게 변화할 것입니다. 미래의 ETF는 더 이상 저비용 패시브 상품에 머무르지 않고, 점점 더 정교해지는 투자자들의 니즈를 반영하는 유연하고 진화하는 금융 도구로 자리 잡게 될 것입니다.

그렇기 때문에 ETF 투자에서는 순서가 중요합니다. 먼저 과거 시장에서 안정성과 수익성을 입증해 온 검증된 ETF를 통해 투자 원칙과 구조를 충분히 익히고, 그 위에 변화하는 금융 트렌드와 새로운 테마형 ETF를 신중하게 더해가는 접근이 필요합니다. 전통과 혁신의 균형 속에서 장기적인 자산 성장과 리스크 관리를 동시에 추구하는 전략, 이것이 바로 제가 말하는 온고지신의 투자입니다.

오랜 기간 성과를 입증해 온 S&P500, 나스닥100, 고배당 ETF, 종합채권 ETF 등은 투자자에게 탄탄한 기초를 제공하는 자산들입니다. 이러한 ETF를 통해 시장의 구조와 운용 방식을 이해한 이후라면, 인공지능 테마 ETF나 일드맥스의 MSTY, NVDY와 같은 초고배당 커버드콜 신생 ETF에 대해서도 보다 신중하고 통찰력 있는 판단이 가능해집니다.

결국 ETF 투자에서의 온고지신은 단순히 전통을 고수하는 보수적인 태도가 아닙니다. 시장 변화에 유연하게 대응하면서도 리스크를 관리할 수 있는 실용적인 지혜에 가깝습니다. 초보 투자자든 경험이 많은 투자자든, 이 원칙을 바탕으로 투자한다면 단기적인 유행에 휘둘리지 않고 장기적인 수익성과 안정성을 함께 추구할 수 있을 것입니다.

프롤로그

국민연금만 믿고 있을 수는 없다

35세, 통장에 1억 원이 있다면 우리는 어떤 선택을 하게 될까요? 아파트 전세금으로 묶어둘 수도 있고, 주식 계좌에 넣어 두고 오르내리는 숫자를 지켜볼 수도 있습니다. 혹은 언젠가 다가올 은퇴를 떠올리며, 이 돈으로 평생 연금에 가까운 현금흐름을 만들 수는 없을지 고민할 수도 있지요.

최근 투자 시장에서 가장 자주 들리는 단어 중 하나는 '배당'입니다. 월배당, 고배당, 현금흐름, 연금처럼 받는 배당이라는 표현은 불확실한 미래를 앞둔 투자자들에게 큰 안정감을 줍니다. 매달 통장에 현금이 들어오는 구조는, 마치 또 하나의 월급을 갖는 것처럼 느껴지기도 합니다. 그렇다면 배당은 정말 연금이 될 수 있을까요?

우리는 흔히 노후를 이야기할 때 국민연금을 떠올립니다. 하지만 국민연금만으로 충분한 생활을 이어갈 수 있을지에 대해서는 누구도 확신하기 어렵습니다. 수령 시점은 점점 늦어지고 있고,

기대수명은 길어지고 있습니다. 물가와 의료비 부담까지 고려하면, 공적연금 하나에만 의존하는 노후 설계는 점점 더 불안해지고 있습니다.

결국 우리는 스스로 또 하나의 연금을 준비해야 하는 시대에 살고 있습니다. 배당은 그 대안 중 하나로 자주 거론됩니다. 배당만으로 노후를 준비하는 것이 가능할까요? 배당은 과연 안전한 수입원일까요? 이 책을 쓰게 된 이유는 이러한 질문에서 출발했습니다.

저는 오랜 기간 배당 ETF를 지켜보며, 실제 투자자들의 선택과 결과를 가까이에서 관찰해왔습니다. 그 과정에서 한 가지 분명한 사실을 알게 되었습니다. 배당으로 마음이 편해진 투자자보다, 배당 때문에 오히려 불안해진 투자자가 훨씬 많다는 점이었습니다.

배당률이 높을수록 안정적일 것이라는 기대와 달리, 현실에서는 주가 하락과 환율 변동, 세금 부담이 함께 따라오는 경우가 많았습니다. 손에 쥐는 현금은 늘어났지만, 전체 자산은 조금씩 줄어드는 상황도 적지 않았습니다. 그럼에도 많은 투자자는 "그래도 배당을 받았으니 괜찮다"라고 스스로 설득하곤 했습니다.

이 책은 그러한 막연한 안도감에서 한 발 물러나, 보다 냉정하게 배당을 바라보고자 합니다. 배당은 어디에서 나오는지, 어떤 구조로 만들어지는지 그리고 그 대가로 무엇을 포기하게 되는지를 차분히 살펴봅니다. 또한 배당 ETF마다 어떤 차이가 있는지, 어떤 상품이 연금에 가까운지, 반대로 어떤 상품은 그렇지 않은 지도 함께 짚어봅니다.

  아울러 이 책은 단기간에 높은 수익을 올리는 방법을 제시하지 않습니다. 연 100% 배당과 같은 자극적인 숫자나, 누구나 부자가 될 수 있다는 환상을 이야기하지도 않습니다. 대신 배당, 주가, 환율, 세금을 함께 고려했을 때 비로소 보이는 '총 수익'의 관점에서 투자를 바라보고자 합니다. 눈앞의 배당률이 아니라, 시간이 지나도 무너지지 않는 구조를 만드는 것이 이 책의 핵심입니다.

  배당은 결코 공짜가 아닙니다. 그러나 구조를 이해하고, 자신의 목적에 맞게 활용한다면 배당은 충분히 든든한 동반자가 될 수 있습니다. 이 책이 독자 여러분께 '지금 당장 많이 버는 방법'이 아니라, '오래 지속할 수 있는 투자'에 대한 기준을 제시할 수 있기를 바랍니다. 그리고 35세의 1억 원이 불안한 종잣돈이 아니라, 평생을 지탱할 연금의 출발점이 되기를 바랍니다. 이제, 그 이야기를 시작해보겠습니다.

차례

1장 나는 연금 설계로 3년 만에 퇴사했다

2장 배당도 월급처럼 오를 수 있을까?

나는
연금 설계로
3년 만에 퇴사했다

연금이라는 착각

파이어족을 꿈꾸는 이유는 사람마다 다릅니다. 젊은 시절을 더 자유롭게 살고 싶은 사람도 있고, 직장에 얽매이지 않고 좋아하는 일을 하며 살고 싶은 사람도 있습니다. 자녀와 함께하는 시간을 놓치고 싶지 않은 부모들도 있습니다.

그러나 파이어족의 본질은 조기 은퇴가 아닙니다. 진짜 핵심은 경제적 독립 그리고 그 토대가 되는 패시브 인컴입니다. 패시브 인컴이란 내가 일하지 않아도 지속적으로 들어오는 소득, 즉 시스템 소득을 의미합니다. 임대 수익, 배당과 연금 같은 금융소득이 대표적입니다. 문제는 이러한 소득을 만드는 방법을 학교에서도, 직장에서도 제대로 알려주지 않는다는 점입니다. 결국 각자가 스스로 길을 찾아야 합니다.

우리는 초등학교부터 대학교, 취업 준비 기간까지 거의 20년에 가까운 시간을 '좋은 직장'에 들어가기 위해 달려옵니다. 그렇게 어렵게 들어간 직장조차 40대 후반이면 희망퇴직을 고민해야 하는 현실 앞에서, 과연 직장이 평생의 안전망이 되어줄 수 있을지 다시 묻게 됩니다.

더 큰 문제는 노후입니다. 국민연금만으로 안정적인 노후 소득을 기대하기 어려운 구조 속에서, 대한민국은 빠른 고령화와 초저출산이라는 이중 부담을 안고 있습니다. 노후를 국가 제도 하나에만 맡기기에는 현실적인 한계가 분명해졌습니다. 이제 노후 준비의 질문은 바뀌어야 합니다.

'연금을 얼마나 받을 수 있을까'가 아니라, '은퇴 이후에도 지속적인 현금흐름을 어떻게 만들 것인가'로 말입니다. 이 책은 그 해법으로 ETF를 활용한 개인 연금 설계를 제시합니다. 복잡한 투자 기법이나 비현실적인 수익률을 전제로 하지 않습니다. 비교적 안정적인 ETF를 중심으로, 배당과 현금흐름을 통해 장기적으로 노후 소득을 만들어가는 현실적인 방법을 다룹니다.

특히 35세 전후의 독자를 기준으로, 1억 원으로 시작해 은퇴 이후까지 이어지는 연금 시나리오를 구체적으로 설명합니다. 이는 일부 투자자만 가능한 전략이 아니라, 시간이라는 강력한 자산을 가진 평범한 직장인이라면 충분히 준비할 수 있는 방식입니다. 이 책의 목적은 단기적인 투자 성공이 아닙니다. 국가 제도의 변화에 흔들리지 않고, 스스로 통제할 수 있는 연금을 준비하는 것입니다. 이제 그 여정을 함께 시작해 보겠습니다.

돈이 멈추지 않는 구조

한국에서 평범하게 은퇴 준비를 한다면, 국민연금 – 퇴직연금 – 개인연금으로 이어지는 이른바 3층 연금 체계를 구축하는 것이 지난 10~20년간 가장 보편적인 노후 준비 솔루션이었습니다. 3층 연금 체계란 노후 소득의 안정성을 도모하기 위해 공적 연금과 사적 연금이 단계적으로 결합된 은퇴 준비 구조를 의미합니다.

세계은행이 제시한 3층 연금 구조에서 1층은 국가가 강제적으로 적용하는 기초연금 성격의 공적 연금으로, 국민연금, 공무원연금, 사학연금, 군인연금 등을 포함합니다. 2층은 직장인의 경우 퇴직연금을 의미하며, 3층은 보험사나 금융사를 통해 개인 소득의 일부를 적립해 준비하는 개인연금을 뜻합니다. 교과서 속 이 구조는 단정했고, 모두가 이 피라미드를 차근차근 쌓아 올리면 안정적인 노후 안전망이 갖춰질 것이라 믿어왔습니다.

그러나 현실이 달라졌습니다. 급속한 고령화와 인구 구조 변화는 국민연금의 지속 가능성에 대한 불확실성을 키우고 있으며, 퇴직연금 역시 제도의 취지와 달리 일시금 인출 후 부채 상환이나 창업 비용 등으로 소진되는 경우가 적지 않습니다. 개인연금 또한 생활비를 제외하고 나면 월 납입 여력이 10만~20만 원 수준에 머무르는 사례가 흔해, 기대하는 만큼의 종신 현금흐름을 만들기 어려운 것이 현실입니다.

제도가 잘못되었다는 뜻은 아닙니다. 다만 "이 구조만으로 충

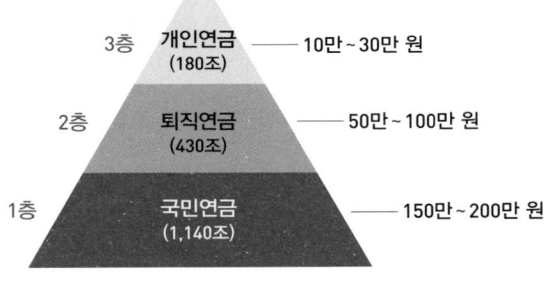

분한가?"라는 질문 앞에서, 많은 분들이 체감하는 답은 점점 "아니다"에 가까워지고 있습니다.

이제는 각자도생의 시대입니다. 국민연금은 받게 된다면 감사한 보너스로 받아들이되 그것만으로 노후를 설계하지 않는 태도, 즉 나만의 3층 시스템 소득을 미리 구축하는 것이 필요합니다. 그 해법은 다음과 같은 새로운 3층 피라미드입니다.

1층은 배당 소득입니다. 월 200만~500만 원을 목표로 합니다. 주식 배당금과 ETF 분배금으로 구성되는 기초 현금흐름입니다. 시장의 단기 변동과 무관하게 정기적으로 유입되는 현금흐름은 심리적 안정장치, 즉 멘털의 안전벨트 역할을 합니다. 장기적으로 배당 성장과 재투자를 병행한다면, 단순히 고배당을 추구하는 전략보다 더 지속 가능한 월 현금흐름을 기대할 수 있습니다.

• 3층 시스템 소득

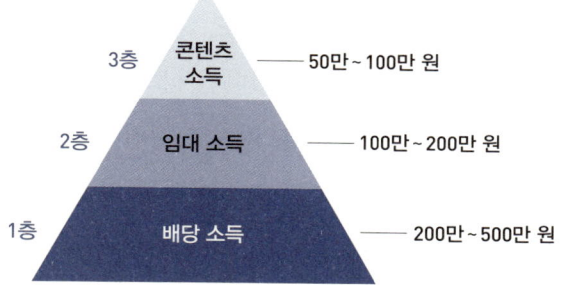

2층은 임대 소득입니다. 월 100만~200만 원을 목표로 합니다. 반드시 대규모 부동산일 필요는 없습니다. 소형·분산 임대, 리츠 혹은 소자본 임대 모델을 통해 현금흐름의 성격이 다른 두 번째 엔진을 마련합니다. 이는 주식시장이 침체되는 구간에서도 포트폴리오 전체의 변동성을 완화해주는 역할을 합니다.

3층은 콘텐츠 소득입니다. 월 50만~100만 원을 목표로 합니다. 유튜브, 블로그, 디지털 강의, 전자책, 템플릿 판매 등 개인의 지식과 경험을 수익으로 바꾸는 채널입니다. 초기 수익은 작을 수 있으나, 레버리지와 복제가 가능한 확장성 있는 소득원이라는 점이 핵심입니다. 경제 사이클과의 상관관계가 낮아 전체 현금흐름의 분산 효과에도 기여합니다.

'나의 3층 시스템 소득'은 제도권 3층 연금과 대립하지 않습니다. 오히려 서로를 보완합니다. 국민연금이 계획대로 지급된다면 은퇴 생활은 한층 더 풍요로워질 것이고, 만약 외부 변수로 인해 지급 수준에 변동이 생기더라도, 내가 통제할 수 있는 세 개의 소득 엔진이 이미 작동하고 있다면 삶의 품위와 자율성은 크게 흔들리지 않습니다. 그 결과, 억지로 재취업을 위해 노동시장에 다시 뛰어들 필요가 줄어들고, 좋아하는 일을 선택적으로 하며 분기나 반기마다 여행을 계획할 수 있는 여유도 생깁니다. 무엇보다도 이 구조는 돈 때문에 내 시간을 포기하지 않는 삶을 가능하게 합니다.

✅ 현금흐름의 첫 단추, 배당

실행은 크고 거창한 결심이 아니라, 작고 반복 가능한 습관에서 시작됩니다. 우선 현재의 생활비 구조와 비상자금 수준을 점검한 뒤, 은퇴 후 필요한 월 생활비를 수치로 적어보세요. 그런 다음 목표 월 소득을 배당, 임대, 콘텐츠 소득으로 나눠 배분하고, 가장 기초가 되는 1층인 배당 소득부터 공사를 시작하면 됩니다.

배당락일과 지급일을 달력에 표시하고, 보유 중이거나 관심 있는 ETF 몇 종을 선정해 분배 구조와 과거 변동성을 확인해보세요. 첫 분배금이 계좌에 입금되면 자동 재투자(DRIP)를 통해 복리의 속도를 높일지 혹은 포트폴리오 내 전략적 재배치에 활용할지에 대한 원칙을 미리 세워두는 것이 좋습니다.

2층에 해당하는 임대 소득의 경우에는 레버리지의 유혹에 휩쓸리지 않도록 금리와 공실 리스크를 보수적으로 가정하시는 편이 바람직합니다. 직접 보유가 부담스럽다면 리츠와 같은 간접투자 역시 충분히 현실적인 대안이 될 수 있습니다.

물론 유의할 점도 있습니다. 일시적으로 높은 분배율만을 좇는 태도는 투자 원금 손실과 주가 하락이라는 역풍을 불러오기 쉽습니다. 배당과 분배금의 원천이 무엇인지, 그 지속 가능성은 어느 정도인지, 비용 구조와 전략의 적합성은 어떠한지 꼼꼼히 점검해야 합니다. 임대 소득의 경우에는 금리, 공실, 유지·수선 비용을 과소평가하지 말아야 하며, 콘텐츠 소득은 성과가 나타나기까지의 시간을 감내해야 합니다.

무엇보다 모든 수입은 세금, 4대 보험, 환율이라는 관문을 통과해야 비로소 실제 현금이 됩니다. 이 책의 후반부에서는 세후 기준 최적화 전략을 별도로 상세히 다룰 예정이니, 여기서는 반드시 '세후 현금흐름'의 관점에서 설계해야 한다는 원칙을 기억해주세요.

결국 우리가 지향하는 바는 단순합니다. 과거의 3층 연금 체계를 부정하는 것이 아니라, 그것만으로는 부족할 수 있는 현실을 직시하고, 내가 통제 가능한 '나의 3층'을 병렬로 구축하는 것입니다. 그 기초 공사가 바로 배당 투자입니다. 계좌로 정기적으로 유입되는 현금흐름은 시장의 소음 속에서도 우리의 멘털을 지켜주고, 장기적으로는 삶의 선택지를 넓혀줍니다.

오늘 작은 한 걸음을 내딛어, 첫 분배금을 받아보는 경험에서 출발해야 합니다. 시간이 흐를수록 이 작은 한 걸음은 여러분의 노후를 가장 단단하게 지탱하는 초석이 될 것입니다.

✓ 배당 투자에도 원칙이 필요하다

많은 분이 안전자산으로 금과 달러를 떠올리지만, 이들 역시 가격 변동성이 큽니다. 주식은 상승기에는 후한 보상을 주지만, 하락기에는 이전의 이익까지 되돌려 놓는 일도 흔합니다. 따라서 시장을 향해 감정적으로 반응하기보다, 학습과 경험 그리고 자신의 투자관을 바탕으로 대응할 필요가 있습니다. 2년간 배당 은퇴자로서 시장을 견뎌온 저의 결론은 명료합니다. 원칙이 없으면 변동성이 원칙이 되고, 원칙이 있으면 변동성은 과정이 됩니다.

우리나라 은퇴자 가운데 거주 부동산을 제외한 금융자산을 10억 원 이상 보유한 비율은 높지 않습니다. 다수는 퇴직금을 포함해 2억~3억 원 수준에서 은퇴를 맞이합니다. 3억 원은 결코 작은 돈이 아니지만, 평균 월 생활비가 400만 원을 웃도는 현실을 감안하면 예금 금리만으로 생활비를 충당하기에는 빠듯합니다. 세전 약 2.6% 수준의 예금 금리를 적용하더라도, 세후 수익률은 2.2% 내외에 그쳐 월 이자 소득이 약 50만 원 수준에 머물기 때문입니다.

이처럼 이자율이 낮은 환경에서 은퇴자들이 고배당 ETF에 관심을 두는 것은 자연스러운 현상입니다. 예를 들어 3억 원을 SCHD나 JEPI와 같은 ETF로 운용할 경우, 시장 여건에 따라 차이는 있으나 세후 기준으로 월 150만 원 안팎의 배당 소득을 기대할 수 있습니다. 결코 낮은 수익은 아니지만, 생활비 전액을 충당하기에는 부족할 수 있으며, 그 지점에서 일부 투자자들은 배당률 100% 이상을 내세우는 ETF(MSTY, CONY 등)에 유혹을 느끼게 됩니다.

그러나 일반적으로 배당률이 높을수록 배당락이 크고, 기초자산의 변동성 역시 커지는 경향이 있습니다. 방어력이 비교적 우수한 ETF라 하더라도(SCHD, JEPI 등), 하락장에서는 −20% 이상의 가격 조정을 겪을 수 있습니다. 따라서 눈앞의 숫자, 즉 분배율만 보기보다는 분배의 원천과 그 지속 가능성이라는 구조를 먼저 살펴봐야 합니다. 충분한 학습과 소액 투자 경험을 거친 뒤, 본격적인 투자로 넘어가야 합니다.

흔들리지 않는 은퇴 설계도, ETF

ETF가 '연금용 자산'으로 특히 빛나는 이유는, 단순히 '좋은 투자 상품'이어서가 아니라 노후 준비가 요구하는 세 가지 조건, 즉 오래 들고 갈 수 있어야 하고(장기 보유), 자동으로 굴러가야 하며(자동화), 마음이 흔들릴수록 더 강해져야 한다(감정 배제)는 조건과 구조적으로 맞물리기 때문입니다. 은퇴 준비의 핵심은 '한 번의 대박'이 아니라 '수십 년 동안 무너지지 않는 시스템'이며, ETF는 이 시스템을 가장 단순하게 구현해 주는 도구입니다.

첫째, ETF는 장기 보유에 최적화되어 있습니다. 노후 자산은 오늘의 기분이 아니라 10년, 20년 뒤의 생활을 책임져야 하므로, 개별 종목의 흥망성쇠에 인생이 흔들려서는 안 됩니다. ETF는 한 종목이 아니라 시장과 산업, 자산군을 담고 있기 때문에 시간의 힘이 작동하기 쉬운 그릇입니다. 시장은 단기적으로는 요동치지만, 장기적으로는 생산성·혁신·인플레이션을 반영하며 성장해 왔고, 인덱스 ETF는 이러한 장기 흐름을 개인이 가장 단순한 방식으로 가져갈 수 있게 해줍니다.

둘째, ETF는 자동화와 규칙화가 쉽습니다. 노후 준비가 어려운 이유는 의지가 약해서가 아니라 생활이 바쁘기 때문입니다. 매달 투자 결정을 새로 내리다 보면 결국 피로가 쌓이고, 어느 순간 '이번 달은 쉬자'가 '올해는 쉬자'로 바뀝니다. 적립식 매수, 정기 리밸런싱, 현금흐름 재투자와 같은 규칙을 세우면 ETF 투자는 시스템처럼 작동합니다. 루틴이 된 투자는 성실함이 아니라 구조로 굴러가고, 구조로 굴러가는 투자는 시간이 지날수록 더 강해집니다.

셋째, ETF는 감정 배제에 유리합니다. 은퇴 자금에서 가장 비싼 비용은 수수료가 아니라 '실수'입니다. 공포에 팔고, 욕심에 추격 매수하고, 확신에 집중 투자했다가 한 번에 무너지는 장면이 반복됩니다. ETF는 '무엇을 살지'의 고민을 '어떤 규칙으로 살지'의 문제로 바꿔 주기 때문에, 감정이 개입할 여지를 줄여 줍니다. 특히 인덱스 ETF 중심의 포트폴리오는 '내가 맞았는지 틀렸는지'가 아니라 '내가 시스템을 지켰는지'가 성과를 결정합니다. 이 과정에서 투자자는 예측자가 아니라 운영자가 되고, 시장의 소음에도 덜 흔들리게 됩니다.

넷째, ETF는 노후의 핵심 리스크를 관리하기에 용이합니다. 은퇴 준비에서 중요한 위험은 단순히 수익률이 낮아지는 것이 아니라, 은퇴 직전이나 직후에 큰 하락이 발생해 자산이 회복되기 전에 인출이 시작되는 '순서 위험(Sequence Risk)'입니다. 따라서 연금용 포트폴리오는 성장 자산만으로도, 현금성 자산만으로도 완성되지 않습니다. ETF는 주식·채권·리츠·원자재 등 다양한 자산군을 한 번에 담을 수 있고, 비중 조절을 통해 변동성을 관리할 수 있습니다. 다시 말해 ETF는 수익률을 추구하는 도구이면서 동시에 흔들림을 낮추는 장치가 될 수 있습니다.

다섯째, ETF는 연금 자산이 요구하는 지속 가능성 측면에서 비용 구조가 유리합니다. 노후 준비는 길게는 수십 년에 이르는 게임이기 때문에, 작은 비용 차이가 누적되면 결과는 크게 달라집니다. ETF는 구조적으로 낮은 비용의 상품이 많고, 불필요한 매매를 줄일수록 비용 부담은 더욱 낮아집니다. 결국 ETF는 비용을 줄여 성과를 높이는 상품이라기보다, 비용과 실수를 동시에 줄이는 상품에 가깝습니다.

저는 ETF를 연금용 자산으로 바라볼 때 이렇게 정의하는 것이 가장 정확하다고 생각합니다. ETF는 미래의 월급을 만드는 자동화 장치이며, 은퇴 후의 불안을 줄이는 생활 시스템입니다. 이제부터의 내용은 ETF로 은퇴가 가능한 구조를 만드는 과정입니다.

ETF로 만드는 평생 연금 시스템

'평생 연금 ETF 준비하기'는 결국 ETF를 사는 일이 아니라, ETF로 평생 연금 시스템을 만드는 일입니다. 많은 분들이 연금을 떠올리면 정해진 돈이 매달 들어오는 상품을 먼저 생각하지만, 투자에서 연금은 상품이 아니라 시스템입니다. 연금처럼 들어오게 만드는 규칙을 만들면 그것이 연금이고, 연금처럼 무너지지 않는 장치를 더하면 그것이 평생 연금이 됩니다.

평생 연금 ETF란 시장의 성장성과 현금흐름을 동시에 활용해, 은퇴 전에는 자산을 키우고 은퇴 후에는 현금흐름을 꺼내 쓰되, 시장의 변동 속에서도 생활이 흔들리지 않도록 설계된 시스템입니다. 여기서 중요한 것은 '평생'이라는 단어가 높은 수익률이 아니라 지속 가능성을 의미한다는 점입니다. 그렇다면 평생 연금 ETF를 준비한다는 것은 무엇을 준비하는 일일까요?

첫째, 시간을 준비하는 일입니다. 연금은 단거리 경주가 아니라 누적 게임입니다. 이 게임에서 가장 강력한 자산은 유망한 종목이 아니라 시간입니다. 월급이 들어오는 동안의 변동성은 위험이 아니라 기회가 됩니다. 더 싸게, 더 꾸준히, 더 오래 적립할 수 있기 때문입니다.

둘째, 루틴을 준비하는 일입니다. 자동이체, 자동매수, 정기 리밸런싱, 분배금 재투자 규칙을 미리 정해두면 투자자는 매달 결정을 새로 내릴 필요가 없습니다. 평생 연금 ETF는 투자 감각의 결과가 아니라, 결정 피로를 제거한 시스템의 결과입니다.

셋째, 현금흐름의 사용 설명서를 준비하는 일입니다. 은퇴 후에 필요한 것은 '좋은 종목'이 아니라 '쓸 수 있는 돈'입니다. 현금흐름은 많이 받는 것보다 끊기지 않는 것이 더 중요합니다. 이를 위해 분배금을 언제까지는 재투자하고, 어느 시점부터 인출로 전환할지, 생활비의 몇 퍼센트를 현금흐름으로 충당할지에 대한 기준이 필요합니다.

넷째, 위기 대응 장치를 준비하는 일입니다. 평생 연금에서 가장 큰 리스크는 꺼내 쓰면 안 되는 시점에 인출이 시작되는 것입니다. 이를 막기 위해 비상금, 완충 자산, 리밸런싱 규칙이 함께 설계되어야 합니다. 시장이 흔들려도 생활비 때문에 투자 자산이 흔들리지 않도록, 생활의 안정과 투자 자산을 분리하는 구조가 있어야 '평생'이라는 단어가 성립합니다.

다섯째, 나에게 맞는 연금의 형태를 준비하는 일입니다. 어떤 사람에게는 은퇴 후 현금흐름이 최우선이고, 어떤 사람에게는 성장성과 인플레이션 방어가 더 중요합니다. 월배당을 선호하는 사람도 있고, 분기배당이면 충분한 사람도 있습니다. 중요한 것은 정답을 따라가는 것이 아니라, 자신의 생활비 구조와 성향에 맞춰 '내 연금'을 설계해야 한다는 점입니다.

결국 ETF가 연금용 자산으로 적합한 이유는 장점이 많아서가 아니라, 노후가 요구하는 조건을 가장 현실적으로 충족하는 구조이기 때문입니다. 그리고 평생 연금 ETF 준비하기란, 이 구조 위에 시간, 루틴, 현금흐름, 위기 대응, 개인화 설계를 더해 내 삶에서 실제로 작동하는 연금 시스템으로 완성해 가는 과정입니다.

✓ 나만의 평생 연금 ETF를 만드는 법

배당 투자는 장기적인 계획과 큰 방향성을 먼저 세워야 시장의 변화에 휘둘리지 않을 수 있습니다. 단기간의 이익에 맞춰 사고파는 트레이딩을 반복하다 보면, 시장이 흔들릴 때마다 마음이 불안해지기 마련입니다. 결국 자신에게 적합한 ETF를 선별할 수 있는 능력이 투자자의 실력이라 할 수 있습니다.

우선 은퇴까지 충분한 시간적 여유를 두고 장기적인 계획을 세우는 것이 중요합니다. 저는 은퇴를 앞두고 약 3년의 준비 기간을 두고 계획을 세웠습니다. 지금 돌아보면 3년은 다소 짧은 시간이었습니다. 최소 5~10년의 준비 기간을 확보한 분들이라면 훨씬 더 단단한 토대를 마련할 수 있을 것입니다.

투자를 시작한 첫 1년은 시장을 학습하는 시기였습니다. 코카콜라, 존슨앤존슨, 알트리아와 같은 '배당킹' 종목부터 SCHD, SPYD와 같은 배당 ETF, JEPI, QYLD와 같은 커버드콜 ETF까지 폭넓게 경험하며 제 투자 성향과 목표 배당 수익률에 맞는 포트폴리오를 준비했습니다. 이 과정에만 1년 이상의 시간이 소요됐습니다.

이후 기본적인 포트폴리오를 구축한 뒤, 회사를 다니던 2년 동안은 배당금을 전액 재투자했습니다. 그 결과 평생 연금 ETF 1호로 QYLD 1,000주를 만들 수 있었고, 이후 PGX를 2호, JEPQ를 3호, SCHD를 4호, TLTW를 5호로 삼아 지금도 저만의 평생 연금 ETF 포트폴리오를 확장해 나가고 있습니다. 이는 완성된 결과라기보다 여전히 진행 중인 과정입니다. 만약 3년이 아니라 5년, 혹은 10년이라는 시간을 가지고 준비할 수 있었다면, 배당금 재투자를 통해 형성된 평생 연금 ETF 계좌 안에는 SCHD와 JEPI, JEPQ를 비롯해 평생 함께할 수 있는 자산들이 훨씬 더 많이 자리 잡고 있었을 것입니다.

✓ 배당만 늘리는 것이 답이 아니다

주가 수익률만큼이나 중요한 요소가 바로 절세입니다. 엔비디아, 테슬라, 팔란티어와 같은 성장주나 QQQ와 같은 패시브 ETF, QLD·SOXL과 같은 레버리지 상품에 투자하는 분들은 트레이딩 과정에서 양도소득세 부담이 커질 수 있습니다. 이 때문에 일부 투자자들은 일드맥스의 MSTY나 CONY와 같은 고배당 ETF를 병행 투자하며, 이른바 '배당깡'을 통해 양도세를 헤지하려는 전략을 사용하기도 합니다.

다만 이러한 방식은 트레이딩 경험이 풍부하고 시장에 대한 이해도가 높은 투자자일수록 성공 확률이 높습니다. 시장 경험이 부족한 일반 투자자의 경우, 잦은 매매를 통해 경제적 자유에 도달하기란 결코 쉬운 일이 아닙니다.

미국 주식 투자에서는 양도차익에 대한 양도소득세뿐만 아니라 배당 소득에 대한 세금 구조도 반드시 이해해야 합니다. 배당 소득은 1인당 연간 세전 2,000만 원 한도 내에서는 비교적 단순한 구조를 가지지만, 이를 초과할 경우 종합소득세와 건강보험료 부담까지 함께 고려해야 합니다. 이에 대한 준비 없이 배당만 늘리다 보면, 배당을 많이 받았음에도 원금은 줄고 세금 부담은 커지는 상황이 발생할 수 있습니다.

그렇기 때문에 배당 투자는 종목 선정뿐만 아니라 세금에 대한 학습을 병행하며, 장기적인 관점에서 접근하는 것이 바람직합니다. 좋은 종목을 골라 오래 보유하면서, 세후 기준의 실제 현금흐름을 관리하는 것이 배당 투자의 정석이라 할 수 있습니다.

배당은 결코 공짜가 아닙니다. 개별 주식의 배당금과 ETF의 분배금은 모두 기초자산에서 배당락과 분배락만큼 가격이 조정된 뒤, 미국의 경우 15%의 배당소득세가 원천징수된 후 세후 금액으로 투자자에게 지급됩니다. "산이 높으면 골이 깊다"는 말처럼, 배당이 클수록 배당락 역시 커지는 경향이 있습니다. 따라서 배당을 지급한 이후에도 주가가 비교적 안정적으로 유지되고, 배당을 꾸준히 늘려갈 수 있는 종목이 진정으로 좋은 배당 자산이라 할 수 있습니다. 개별 주식으로는 코카콜라가 대표적인 사례이며, ETF 가운데에서는 이러한 특성을 잘 반영한 상품이 바로 SCHD, 이른바 '슈드'입니다.

앞으로 다가올 대한민국의 고령화 사회에서 배당금은 은퇴자들에게 매우 중요한 시스템 소득이 될 것입니다. 행복한 노후를

준비하기 위해서는 올바른 투자관을 바탕으로 안정적인 투자를
이어가며, 세후 현금흐름이 검증된 평생 연금 ETF를 차근차근 쌓
아가는 과정이 반드시 필요합니다.

월배당 100만 원, 인생이 달라지는 지점

제가 '사이드 파이어족'이라는 꿈을 구체적으로 그릴 수 있었던
순간은, 매달 들어오는 배당 소득이 100만 원을 넘었을 때였습니
다. 100만 원이라는 금액은 누군가에게 결코 넉넉하지 않은 돈일
수 있습니다. 그러나 저에게 그 100만 원은 "내가 좋아하는 일을
하며 살아갈 수도 있겠구나"라는 가능성을 처음으로 실감하게 해
준 소중한 자본소득이었습니다.

그래서 저는 매달 100만 원의 배당 소득, 다시 말해 시스템 소
득이 지니는 의미를 매우 중요하게 생각합니다. 그것은 단순한
수입이 아니라, 경제적 자유를 향한 첫 출발점이기 때문입니다.
그렇다면 매달 100만 원의 배당금을 받기 위해서는 과연 얼마를
투자해야 할까요? 투자 금액은 ETF마다 차이가 큽니다. 다음 장
에서는 배당 투자자들이 가장 많이 선택하는 대표적인 인기 ETF
여섯 가지를 기준으로, 월 100만 원의 배당 소득을 만들기 위해
어느 정도의 투자금이 필요한지 구체적으로 살펴보겠습니다.

가장 안전한 축으로는 초단기 미국 국채 ETF인 SGOV를 떠올

릴 수 있습니다. 사실상 달러 현금성 자산에 가까워 원금 변동이 매우 작고 분배의 가시성이 높지만, 그만큼 기대 수익률은 낮습니다. 월 100만 원의 분배금을 전부 SGOV에서 마련하려면 약 3억 7,000만 원이 필요합니다. 주가 상승이나 배당 성장을 기대하기 어렵다는 점을 고려하면, SGOV는 수익 자산이라기보다는 '보관소'에 가까운 성격을 지닙니다.

반대로 배당 성장과 원금 방어력으로 잘 알려진 SCHD는 심리적으로 비교적 편안한 선택지입니다. 다만 같은 목표를 SCHD 하나로 달성하려면 약 4억 3,000만 원의 자본이 필요합니다. 대신 시간이 지날수록 배당이 증가하고 주가가 완만하게 성장할 여지를 함께 품고 있어, 느리지만 단단한 자산의 장점을 보여줍니다.

생활비 보조라는 관점에서는 JEPI가 좋은 사례가 됩니다. 콜옵

● 월 100만 원 배당을 위한 필요 투자금

구분	ETF	운용사	배당률	필요 투자금 USD	필요 투자금 KRW
초 안정형	SGOV	블랙록	4.5%	약 27만 달러	약 3.7억 원
안정형 방어형	SCHD	찰스 슈왑	3.8%	약 31.5만 달러	약 4.3억 원
	JEPI	제이피모건	8.5%	약 14만 달러	약 2.0억 원
중립형	QQQI	네오스	13.5%	약 8.8만 달러	약 1.2억 원
위험형 공격형	CONY	일드맥스	140%	약 0.9만 달러	약 1,200만 원
	ULTY		90%	약 1.3만 달러	약 1,850만 원

션 매도를 통해 분배를 만드는 구조 덕분에 월 단위의 현금흐름이 비교적 안정적으로 유입됩니다. 월 100만 원을 목표로 할 경우 필요한 자본은 약 2억 원 수준으로 낮아지지만, 옵션 매도 전략의 특성상 주가 상승기에 대한 참여는 제한되어 장기 자본 이익의 탄력은 떨어집니다.

보다 공격적인 성향이라면 나스닥100을 기반으로 한 QQQI가 눈에 들어올 수 있습니다. 필요한 자본은 약 1억 2,000만 원 수준까지 줄어들지만, 그 대가로 원금과 분배의 변동성은 커집니다. 이 ETF는 안정적인 생활비의 1층을 책임지기보다는, 유리한 시기에 들어온 분배금을 우량 자산으로 재배치하는 전술적 용도에 더 가깝습니다.

분배율이 극단적으로 높아 보이는 상품들도 있습니다. 예를 들어 코인베이스를 기초자산으로 한 CONY는 계산상 약 1,200만 원으로도 월 100만 원의 분배가 가능해 보이지만, 바로 이 계산이 함정입니다. 일반적으로 분배율이 높을수록 배당락은 커지고, 원금 훼손의 속도도 빨라집니다. 1년 뒤 원금이 절반 이하로 줄어들고 분배금 역시 급감하는 시나리오는 결코 이례적인 일이 아닙니다. 시장에서 변동성이 가장 높은 기술주, 암호화폐 등으로 구성된 15~30여 개의 고변동성 종목을 담고 있는 ULTY 역시 유사한 특성을 보입니다. 계산상 약 1,850만 원으로 목표 금액이 가능해 보이지만, 기초자산의 변동성이 매우 크기 때문에 생활비를 책임지는 용도로는 적합하지 않습니다. 이러한 ETF들은 이미 원금을 회수했거나, 실험적 재투자를 감내할 수 있는 범위 안에서만 다루는 것이 바람직합니다.

현실적인 해법은 한 종목으로 모든 것을 해결하려는 태도에서 벗어나는 데 있습니다. 배당 성장형으로 토대를 세우고, 커버드콜형으로 월간 현금흐름의 호흡을 맞추며, 현금성 자산으로 완충 장치를 마련하고, 필요할 경우 전술형 자산을 아주 작게 곁들이는 조합이 장기적인 생존 확률을 높입니다.

예를 들어 SCHD를 중심축으로 삼아 계좌의 지속 가능성을 확보하고, JEPI로 규칙적인 현금 유입의 리듬을 만들며, SGOV로 환율과 시장 급락에 대응할 여력을 유지합니다. 여기에 시장 환경이 유리할 때만 QQQI와 같은 전술형 ETF를 활용해 들어온 분배금을 우량 자산으로 재배치하는 방식입니다. 중요한 것은 분배금이 들어올 때마다 자동 재투자와 전략적 재배치 중 어떤 선택을 할 것인지에 대한 원칙을 미리 문서화해 두고, 감정이 아니라 규칙에 따라 움직이는 습관을 갖는 일입니다.

숫자 이전에 반드시 기억해야 할 원칙도 있습니다. 배당과 분배금은 세금을 거쳐야 비로소 실제 현금이 됩니다. 해외 배당에는 원천징수가 선행되며, 국내에서는 금융소득 합산 체계에 따라 과세가 결정됩니다. 연간 금융소득이 2,000만 원을 초과하는 시점부터는 종합과세와 건강보험료가 생활에 미치는 영향을 반드시 시뮬레이션해야 합니다. 외국납부세액공제와 같은 제도적 장치의 활용 여부에 따라 체감 수익률은 크게 달라질 수 있습니다.

또한 원화로 생활하는 투자자에게 환율은 제3의 변수입니다. 완전 노출이나 완전 헤지보다는, 상황에 맞춘 부분 노출과 일시적 헤지의 조합이 월 현금흐름의 변동성을 줄여 줍니다.

결국 월 100만 원은 단순한 금액이 아니라 시간을 되찾는 첫 관문입니다. 어떤 ETF를 선택하더라도 관통하는 원리는 동일합니다. 지속 가능한 구조를 우선하고, 세후 기준으로 설계하며, 재투자라는 사이클을 생활 습관으로 만드는 것입니다. 오늘 배당락 캘린더를 만들고 첫 분배금의 사용 원칙을 정하는 작은 실천이 내일의 더 큰 자유를 준비합니다. 시간이 흐를수록 이 소박한 루틴은 자본의 성장을 부르고, 자본의 성장은 다시 시간을 선물합니다.

처음에는 SGOV, JEPI, SCHD, ULTY와 같은 약어와 전략이 무엇을 의미하는지부터 막막할 수 있습니다. ETF가 무엇인지, 어떤 상품을 선택해야 하는지 앞에서 혼란을 느끼는 것은 매우 자연스러운 반응입니다. 이 책은 바로 그 지점에서 출발합니다. ETF의 기본 구조와 핵심 용어부터 배당, 커버드콜, 채권, 섹터, 멀티에셋 ETF의 특성 그리고 금리·유동성·규제 환경 변화에 따른 시대별 트렌드를 차례로 짚어줍니다. 이어서 독자 여러분이 스스로 선택하고 운용할 수 있도록 리스크 허용도와 현금흐름 목표에 맞춘 ETF 선정 프레임워크와 체크리스트, 사례별 포트폴리오 설계 및 재투자까지 단계적으로 안내합니다.

이 책이 제안하는 출발점은 거창하지 않습니다. 배당 ETF로 나만의 평생 연금 ETF 만들기, 그 시작은 매달 10만 원, 30만 원, 100만 원으로 차곡차곡 늘려가는 현금흐름의 습관입니다. 이 책을 끝까지 읽고 나면, 각자의 상황과 목표에 맞춰 '평생 연금 ETF로 매월 100만 원의 배당 소득'을 스스로 설계하고 실행할 수 있을 것입니다. 숫자는 사람마다 달라도 방향은 같습니다. 지속 가능한 구조를 먼저 세우고, 수시로 점검하며, 시간을 아군으로 만드는 재투자를 습관화하는 것. 그 과정이 여러분의 노후를 보다 행복하고 품위 있게 준비하는 데 든든한 디딤돌이 될 것입니다.

2장

배당도
월급처럼
오를 수 있을까?

미국 대표 배당주에 저렴하게 투자하는
가장 효율적인 방법

매년 월급이 10%씩 오른다면 얼마나 좋을까요? 물가는 오르고 생활비는 늘어나는데, 정작 내 통장에 찍히는 월급은 하나도 오르지 않는 것처럼 느껴집니다. 그런데 만약 배당금이 매년 10% 이상씩 오르는 ETF에 투자하고 있다면, 은퇴 이후의 걱정이 훨씬 줄어들지 않을까요?

대부분의 투자자는 이런 배당 성장률을 상상 속에서나 가능한 이야기라고 생각합니다. 주가가 오르기도 쉽지 않은데, 배당까지 매년 두 자릿수로 늘린다는 것은 현실적으로 불가능하다고 느끼기 때문입니다. 하지만 놀랍게도 이 상상을 현실로 만든 ETF가 있습니다. 12년 연속으로 연평균 11.5%의 배당 성장률을 기록해 온 SCHD가 바로 그 주인공입니다. "연평균 11%? 그것도 10년

이 넘도록?" 일반적으로 배당형 ETF의 배당금은 해마다 일정하지 않습니다. 어떤 해에는 늘어나기도 하지만, 어떤 해에는 전년보다 줄어들기도 합니다. 그런데 SCHD는 배당을 줄이기는커녕, 매년 차곡차곡 꾸준히 배당을 늘려왔습니다. 단 한 해도 빠짐없이, 무려 12년 연속으로 말이죠.

도대체 이 ETF에는 어떤 비밀이 숨겨져 있는 걸까요? 지금부터 이 기적 같은 배당 역사를 써 내려가고 있는 SCHD가 어떻게 이런 위대한 성과를 낼 수 있었는지 하나씩 살펴보겠습니다.

✅ 연 0.06% 초저비용 SCHD 분석!

배당 ETF에 관심을 둬본 투자자라면 누구나 한 번쯤은 들어봤을 ETF가 바로 SCHD입니다. 앞장에서 살펴본 ETF 투자 시 필수 체크 사항을 기준으로, 12년 연속 배당금을 꾸준히 늘려온 독보적인 기록을 가진 SCHD를 하나씩 자세히 살펴보겠습니다.

SCHD는 2011년 10월 상장 이후 14년 이상 대형 자산운용사에 의해 안정적으로 운용되어 온 전통과 명성을 지닌 ETF입니다. 비록 2008년 세계금융위기 이전에 상장되지는 않았지만, 2018년 1차 미·중 무역 갈등, 2020년 코로나19 팬데믹, 2022년 인플레이션으로 인한 급격한 금리 인상기 등 굵직한 글로벌 경제 위기를 모두 거치며 꾸준한 성과를 보여왔습니다. 이는 SCHD가 단기적인 유행에 따라 만들어진 상품이 아니라, 다양한 시장 환경 속에서 반복적으로 검증받아 온 ETF임을 보여줍니다.

SCHD의 자산운용사는 미국 자산운용사 중 다섯 번째로 규모가 큰 찰스 슈왑(Charles Schwab)입니다. 찰스 슈왑은 1971년에 설립된 금융회사로, 저렴한 수수료와 효율적인 상품 구조를 바탕으로 개인 투자자 중심의 자산운용 및 중개 서비스를 제공해 왔습니다. 미국 ETF 시장에서 '저비용·장기 투자'의 상징과도 같은 존재라 할 수 있습니다.

SCHD 외에도 미국 대형주에 투자하는 SCHX, 미국 전체 채권 시장을 추종하는 SCHZ 등 다양한 ETF를 운용하고 있으며, 이들 역시 저비용 구조와 안정적인 운용을 통해 장기 투자자들로부터 꾸준한 신뢰를 받고 있습니다. 다만 대형 자산운용사라고 해서 항상 안전한 것은 아닙니다. 찰스 슈왑 역시 2023년 초 실리콘밸리은행(SVB) 파산 사태 당시 위기설에 휘말린 바 있습니다. 저금리 환경이었던 2020~2021년에 장기 채권에 대규모로 투자한 이후, 급격한 금리 인상 국면에서 채권 가격이 하락하며 장부상 손실이 크게 확대되었기 때문입니다.

블룸버그를 비롯한 주요 외신들은 찰스 슈왑이 SVB에 이어 금융권의 다음 위기 주체가 될 수 있다는 우려를 제기했고, 이 여파로 주가는 단기간에 25% 이상 하락하기도 했습니다. 그러나 경영진은 충분한 현금과 유동성을 확보하고 있음을 강조하며 시장의 불안을 진정시켰고, 이후 신규 계좌 증가와 고객 기반 확대, 실적 개선이 이어지면서 주가 역시 점차 회복되었습니다.

이 사례는 아무리 규모가 큰 금융기관이라 하더라도 위기 가능성에서 완전히 자유로울 수 없다는 점을 다시 한번 상기시킵니다. 투자자 입장에서는 특정 회사나 ETF를 절대적으로 안전하다고 믿기보다는, 항상 분산 투자와 리스크 관리라는 기본 원칙을 병행하는 태도가 필요합니다.

패시브 ETF는 특정 지수나 자산의 흐름을 그대로 따라가는 것을 목표로 운용됩니다. SCHD 역시 패시브 ETF로, 다우존스 미국 고배당 100지수(Dow Jones U.S. Dividend 100 Index)를 추종합니다. 이 지수는 미국 상장 기업 가운데 배당의 지속성과 재무 건전성이 우수하고, 시가총액과 유동성이 충분하며, 최근 10년 이상 배당금을 지급해 온 기업들로 구성됩니다. 총 100개 종목으로 이루어져 있으며, 연 1회 리밸런싱을 통해 종목 구성을 조정합니다.

SCHD는 이 지수에 포함된 100개 기업을 시가총액 가중 방식으로 편입합니다. 최소 10년 이상 안정적으로 배당을 지급해 온 미국 상장 기업 가운데 재무 구조와 수익성이 우수한 기업을 선별해 담고, 저비용 인덱스 운용을 통해 장기적인 배당 성장과 안정적인 현금흐름을 추구하는 것이 핵심 전략입니다.

배당형 ETF는 주가 상승률만 놓고 보면 수익률이 낮아 보일 수 있습니다. 따라서 반드시 주가 수익률과 배당 수익률을 합산한 총 수익률 기준으로 성과를 평가해야 합니다.

SCHD는 2011년 상장 이후 2025년까지 주가가 약 3.2배 가까이 상승했습니다. 여기에 지난 12년간 지급한 누적 배당금을 합하면, 상장 당시 주가 수준에 근접하는 금액에 이릅니다. 즉 장기 투자자의 경우, 배당금만으로도 투자 원금의 상당 부분을 회수했을 가능성이 있다는 의미입니다. 구체적인 연도별 수익률과 총 수익률 비교는 다음 장에서 SPY, QQQ 등 대표 ETF와 경쟁 배당 ETF들과 함께 자세히 살펴보겠습니다.

SCHD의 총 운용 자산(AUM)은 2026년 1월 기준 약 700억 달러로, 미국 전체 약 3,500개 ETF 가운데 자산 규모 기준 10~20위권에 속하는 대형 ETF입니다. ETF의 AUM이 크다는 것은 해당 상품에 자금이 장기간 꾸준히 유입되어 왔다는 뜻이며, 시장의 신뢰도와 생존 가능성을 판단하는 중요한 지표로 활용됩니다.

자산 규모가 지나치게 작은 ETF는 운용사의 수익성이 낮아 청산 위험이 존재할 수 있지만, SCHD처럼 상위권 AUM을 유지하는 ETF는 그러한 위험이 매우 낮다고 볼 수 있습니다.

SCHD의 연간 운용 수수료는 0.06%로, 미국 ETF 평균 운용 보수인 약 0.34%보다 훨씬 낮은 수준입니다. 일부 ETF 중에는 더 낮은 수수료를 가진 상품도 존재하지만, 배당 ETF 가운데서는 SCHD의 비용 경쟁력이 매우 뛰어난 편입니다.

예를 들어 JEPI의 운용 수수료는 0.35%로 SCHD보다 연간 0.29%포인트 높습니다. 단기적으로는 체감이 크지 않을 수 있지만, 장기 투자로 갈수록 이 비용 차이는 누적되어 실제 수익률에 상당한 영향을 미치게 됩니다.

또한 SCHD는 대형 AUM을 바탕으로 거래량이 풍부하고, 매수·매도 시 호가 차이(스프레드)가 매우 좁은 편에 속합니다. 이는 투자자가 원하는 시점에 비교적 낮은 거래 비용으로 매매할 수 있음을 의미하며, 장기 투자뿐 아니라 정기적인 적립식 투자에도 유리한 환경을 제공합니다. 유동성이 충분한 ETF라는 점은 SCHD가 초보 투자자에게도 부담 없이 접근할 수 있는 이유 중 하나입니다.

SCHD가 배당을 '계속' 늘릴 수 있었던 구조

과거와 달리 최근에는 워낙 배당률이 높은 ETF들이 자주 출시되고 있다 보니까 많은 투자자가 '배당 ETF' 하면 당장 높은 배당률을 떠올리곤 합니다. 하지만 SCHD가 보여준 진짜 가치는 '꾸준한 배당 성장'입니다. SCHD의 분배금은 해마다 커져서 투자자에게 더 큰 현금흐름을 선물합니다. SCHD는 단순한 배당 ETF가 아니라, 은퇴자금과 장기자산 관리의 모범 답안으로 배당 투자자들에게 오랜 세월 사랑받아 온 ETF입니다.

SCHD가 출시될 당시(2011년 10월)는 2008년 세계 금융위기 이후 미국 경제가 회복되는 기간으로, 누구나 알던 대형 기업들이 순식간에 파산하거나 무너지는 모습을 지켜본 투자자들은 개별 종목 투자에 대한 위험성을 깨닫게 되었고, 자연스럽게 분산투자 효과가 있는 ETF에 큰 관심을 두던 시기였습니다.

당시 출시됐던 배당 ETF 대부분은 고배당 중심의 기업에 치중

되어 있어서 배당률은 높지만, 주가 성장이나 지급하는 배당률의 편차가 매우 심했습니다. 그러자 배당 투자자들은 '높은 배당률이 반드시 좋은 투자는 아니다'는 사실을 인지하게 되었습니다. 배당을 많이 주지만 실적이 뒷받침되지 않거나, 재무 구조가 취약한 기업들은 결국 배당을 줄이거나 중단하기 때문이죠. 이런 배당금 삭감은 투자자의 장기 수익률을 크게 훼손시켰습니다.

찰스 슈왑은 이 문제에 대한 해답을 찾고자 했죠. 단순히 당장의 배당률 숫자만 보는 것이 아니라 꾸준히 배당을 지급하고 성장할 수 있는 기업에 집중해보면 어떨까? 이렇게 해서 탄생한 ETF가 바로 SCHD, 슈드였습니다. 이렇게 SCHD는 기존 고배당 ETF들과는 달리, 지속적인 배당 성장이라는 차별화된 목표를 가지고 출발했습니다.

SCHD는 단순히 배당 기업을 모은 ETF가 아닙니다. SCHD는 'DOW JONES U.S. DIVIDEND 100 INDEX'라는 지수를 추종하며, 다음과 같은 엄격한 기준들을 통해 기업을 선별합니다. 바로 이 과정이 SCHD가 장기간 안정적으로 배당 성장을 이어갈 수 있었던 핵심 전략입니다.

SCHD에 편입되기 위해서는 최소한 10년 이상 연속 배당을 지급한 기업이어야 합니다. 이는 단순히 한두 해 성과로 배당을 지급한 기업을 걸러내고, 장기간 시장의 급변 속에서도 주주환원 가치를 지켜 온 '검증된 기업'만을 남깁니다. 추가로, 재무 건전성을 점검하는 다양한 필터가 적용됩니다.

- 배당 성장률: 과거에 얼마나 배당을 늘려왔는가?
- ROE(자기자본이익율): 기업이 자기자본을 얼마나 효율적으로 활용하는가?
- FCF(자유현금흐름) 대비 배당 지급 능력: 실제 현금 창출력으로 배당이 뒷받침되는가?
- 시가총액과 유동성 요건: 안정적인 거래와 규모를 갖추었는가?

이런 까다로운 조건을 충족해야만 SCHD의 포트폴리오에 들어갈 수 있습니다. 결국 SCHD는 '배당을 줄 수 있는 기업'이 아니라 '배당을 줄 수밖에 없는 기업'에 투자하는 것입니다. 이 확고한 기준과 원칙으로 SCHD는 단기 고배당주들에서 많이 발생하는 리스크 즉, 경제위기 시 배당 삭감이나 급격한 주가 하락과 같은 위험을 크게 줄였습니다.

자, 그럼 SCHD의 포트폴리오 구성 종목을 살펴볼까요? SCHD의 강점은 단순히 '좋은 기업 100개를 모았다'에 있지 않습니다. 실제로 어떤 기업들이 포함되어 있는지를 보면, 왜 SCHD가 안정적인 배당 성장 ETF로 자리매김했는지 더 명확하게 드러납니다.

대표적인 편입 종목들을 살펴보면, 미국 경제의 뼈대를 이루는 소비재·헬스케어·IT·산업재 섹터의 우량 기업들이 눈에 띕니다.

- 코카콜라(Coca-Cola), 펩시코(PepsiCo): 글로벌 소비재를 대표하는 브랜드로, 경기 불황에도 꾸준히 매출을 창출하며 배당금을 늘려온 전통 강자들입니다.
- 애브비(AbbVie), 머크(Merck): 의약품·바이오 산업의 리더로,

인구 고령화와 건강 수요 확대라는 장기적인 성장 테마에 기반해 안정적인 현금흐름을 만들어냅니다.

- 브로드컴(Broadcom), 텍사스 인스트루먼츠(Texas Instruments): 반도체 산업의 핵심 기업들로, 기술 발전과 디지털 전환의 수혜를 받으며 동시에 꾸준한 배당 성장을 이어가고 있습니다.
- 홈 디포(Home Depot), 애머슨 일렉트릭(Emerson Electric): 경기 민감 산업이지만, 시장 지배력과 안정적인 사업 모델을 통해 배당 성장에 성공해 온 기업들입니다.

흥미로운 점은, SCHD가 고배당률을 자랑하는 에너지 기업이나 금융주에 과도하게 의존하지 않는다는 사실입니다. 대신 장기적으로 배당을 늘려온 실적과 앞으로도 늘려갈 수 있는 사업 구조에 더 높은 비중을 둡니다.

✅ 숫자로 확인하는 SCHD의 배당 성장 기록

SCHD의 가장 큰 매력은 꾸준한 배당 성장입니다. 상장 이후 단 한 번도 배당금을 줄인 적이 없으며, 매년 배당금을 올려왔습니다. 이 점에서 SCHD는 일반적인 고배당 ETF와 확실히 구분됩니다.

실제 수치를 살펴보면 더 명확합니다.

- 2012년(첫 해): 주당 연간 분배금 $0.27
- 2015년: 연간 약 $0.38 (3년 만에 거의 50% 성장)
- 2018년: 연간 약 $0.48

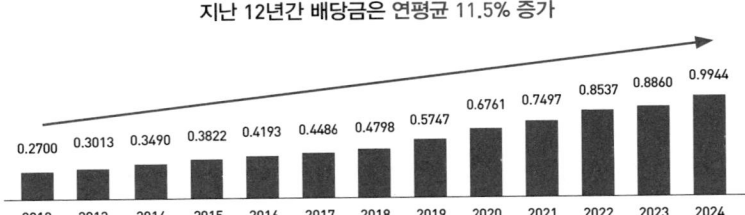

지난 12년간 배당금은 연평균 11.5% 증가

0.2700 0.3013 0.3490 0.3822 0.4193 0.4486 0.4798 0.5747 0.6761 0.7497 0.8537 0.8860 0.9944

2012 2013 2014 2015 2016 2017 2018 2019 2020 2021 2022 2023 2024

(단위: 달러)
* 연도별 주가는 해당 연도의 주식시장 말일 기준

- 2020년: 코로나19 팬데믹에도 불구하고 약 $0.68로 전년보다 +17.6% 성장
- 2022년: 연간 약 $0.85
- 2023년: 연간 약 $0.89
- 2024년: 연간 약 $0.99
- 2025년: 연간 약 $1.05(최초로 주당 1달러 돌파)

SCHD가 출시된 이후 2021년까지 보여줬던 주가와 배당 성장의 퍼포먼스는 너무나도 탁월했습니다. 상장 초기와 비교하면 배당금이 10년 남짓한 기간 동안 거의 다섯 배 가까이 증가한 셈입니다. 그렇기에 최고의 배당 ETF라는 찬사를 받았던 것이죠. SCHD는 상장된 이후 2012년도부터 매년 배당금을 증액하고 있는데요. 2012년도에는 주당 0.27달러를 배당으로 지급했

는데, 2013년도에 11.5%가 증가된 0.3013달러를 배당으로 지급하는 등 매년 두 자릿수 가까운 증가 추세를 10년 넘게 이어가고 있습니다. 2020년에는 코로나 팬데믹 악재에도 불구하고 전년보다 17.6%나 증액된 0.6761달러를 배당으로 지급했고, 2021년 역시 0.7497달러를 배당으로 지급해서 전년보다 9.7% 배당금이 증가했고, 2022년 시장의 침체기에도 주당 0.8537달러를 지급해서 13.9% 배당금이 증액됐습니다. 매년 10%를 넘나드는 높은 배당 증액 퍼포먼스는 아쉽게도 2023년에 4%에 그치고 말았습니다. 하지만 2024년 배당 증액은 다시 두 자릿수 12%를 기록하며 과거의 명성을 회복하는 중입니다. 무엇보다 13년 연속 배당 증액이라는 배당 ETF의 새로운 역사를 이어가게 됐다는 점에서 시장을 견디고 인내하는 투자자들에게는 정말 선물 같은 ETF입니다.

연평균 배당 성장률(CAGR)을 계산해보면 약 11%에 달합니다. 이는 단순히 배당금을 주는 ETF가 아니라, 시간이 지날수록 투자자가 받는 현금흐름이 기하급수적으로 늘어나는 구조임을 보여줍니다. 예를 들어, 2012년에 1만 달러를 투자한 투자자는 첫 해에 약 300달러 남짓한 배당금을 받았습니다. 하지만 2024년에는 같은 투자금에서 연간 1,130달러 이상을 받는 구조가 된 것입니다. '투자 원금은 그대로 두고 배당만 꾸준히 성장한다'는 사실이 SCHD의 가장 큰 자산이자, 장기 보유 전략이 통하는 이유입니다. 이러한 꾸준한 배당 성장은 단순히 운이 아닙니다. 앞서 살펴본 것처럼 SCHD가 배당 지급 능력과 재무 건전성을 검증한 기업만을 편입해왔기 때문에 가능한 결과입니다.

1억 원으로 SCHD에 12년간 투자했다면

가끔 투자자들은 이런 가정을 해보곤 합니다. "그때 내가 이 ETF를 사서 팔지 않고, 계속 가지고 있었다면 어떻게 되었을까?" SCHD 는 바로 그런 상상만으로도 가슴이 뛰는 성과를 선물합니다.

SCHD는 2011년에 출시된 후 주가가 연평균 9.6%씩 성장해 왔고, 2018년 미·중 무역갈등으로 인한 폭락과 2022년 인플레 이션으로 인한 나스닥 폭락장에도 굳건히 잘 버텨주었습니다. 2023년과 2024년 나스닥 대세 상승기에 주가 상승폭이 SCHD의 평균 9%에 크게 미치지 못했다는 점은 많이 아쉽지만, 출시 이후 2024년까지 12년 동안 주가는 세 배 이상 성장했습니다. 2012년 SCHD가 막 상장했을 때 1억 원(당시 환율 기준 약 9만 달러)을 투 자했다고 가정해보겠습니다. 이후 12년 동안 어떤 일이 벌어졌을 까요?

먼저, 주가 상승 효과를 살펴보겠습니다. 2012년 주당 가격은 약 8.73달러 수준이었습니다. 2024년에는 약 27.32달러로 세 배 상승했습니다. 단순 주가 상승만 고려해도 1억 원이 약 3억 원으 로 불어난 셈입니다.

배당 성장 효과는 어떨까요? 2012년 연간 배당금은 주당 0.27달

2024년까지 연평균 주가 성장률 9.6%

8.73 9.45 9.58 11.33 12.85 14.52 17.06 15.66 19.31 21.38 26.94 25.18 25.38 27.32

2012 2013 2014 2015 2016 2017 2018 2019 2020 2021 2022 2023 2024

(단위: 달러)
* 연도별 주가는 해당 연도의 주식시장 말일 기준

러 수준이었으나, 2024년에는 약 0.9944달러로 세 배 이상 성장했습니다. 즉, 투자 원금 대비 연간 10% 이상의 현금흐름이 만들어진 것입니다.

마지막으로 환율 상승 효과입니다. 2012년 원·달러 환율은 1,070원이었지만, 2024년 원·달러 환율은 1,470원으로 37% 상승해서 환차익 효과도 얻을 수 있었습니다.

2012년 1월에 SCHD에 1억 원을 투자했다면, 2024년 12월 기준으로 주가는 약 세 배가 상승했고, 12년 동안 배당금으로만 세후 8,000만 원을 수령했습니다. 투자 원금 1억 원은 세 배 상승한 주가와 환율 상승 덕분에 4억 원 가까이 늘어났고, 배당금 8,000만 원을 더하면 평가자산은 총 4억 7,500만 원이 됩니다. 배당금으로 투자원금의 80%나 회수를 했고, 12년 동안 연평균 주가가 10%

가까이 성장한 덕분에 3억 7,500만 원이라는 큰 수익을 얻을 수 있었을 것입니다.

12년 전의 1억 원은 약 5억 원에 가까운 자산이 됐고, 매년 들어오는 배당금만으로도 월 100만 원 가까운 생활비를 충당할 수 있는 구조가 된 것입니다. 이는 단순히 배당을 주는 ETF가 아니라, 시간이 지날수록 월급처럼 성장하는 배당 생활자금을 만들어주는 SCHD의 진짜 가치를 보여줍니다.

최고의 배당 ETF였던 SCHD 인기가 시들해진 이유

SCHD는 출시된 후 지난 10년 이상 배당을 늘려왔습니다. 배당 ETF의 '모범 답안'으로 불리며 많은 투자자의 사랑을 받아왔습니다. 2022년 하락장에도 좋은 방어력을 보여주며 큰 사랑을 받던 이 훌륭한 ETF는 2023년 이후부터는 성과가 다소 부진해졌고, 그에 따라 과거만큼의 인기를 유지하지 못하고 있습니다. 그렇다면 그 이유는 무엇일까요?

첫째, 성장주 랠리에 뒤처진 성과 때문입니다. 2023년 이후 미국 증시는 빅테크 중심의 성장주 랠리가 강하게 전개되었습니다. 인공지능 열풍으로 엔비디아, 마이크로소프트, 아마존 같은 종목들이 크게 오르며 S&P500지수 전체를 끌어올렸습니다. 그러나 SCHD는 전통적인 배당 성장주 중심 포트폴리오이기 때문에 이런 급격한 성장주 상승을 따라잡지 못했습니다. 결과적으로 SCHD의 주가 상승률은 시장 평균보다 낮아졌습니다.

둘째, 금리 환경 변화 때문입니다. SCHD는 배당주 중심이기 때문에 금리 수준에 큰 영향을 받습니다. 2022년 이후 미국이 고금리 기조를 유지하면서, 투자자들은 배당주 대신 예금이나 국채 같은 무위험 자산으로 눈을 돌리기 시작했습니다. 안전하게도 연 5% 가까운 이자를 받을 수 있는데, 굳이 배당주 ETF에 투자할 필요가 있냐는 회의론이 나온 것이죠. 또한 SCHD는 금융주(약 10~15%) 투자 비중도 높기 때문에 고금리 환경에서 은행 보험 섹터가 수익성 압박을 받으면서 ETF 전체 성과에도 부담으로 작용했습니다.

셋째, 특정 섹터 집중 부담과 빅테크 비중의 한계 때문입니다. SCHD는 소비재·헬스케어·산업재 중심으로 안정적인 기업들을 편입하고 있지만, 최근 몇 년간 시장을 이끌었던 빅테크(테크 메가캡) 비중은 낮습니다. 이로 인해 "방어력은 뛰어나지만, 성장성에서는 뒤처진다"는 평가가 투자자들 사이에서 자리 잡게 되었습니다. 2023년과 2024년은 나스닥의 빅테크 대형주들이 상승장을 끌어갔습니다. 실제로 S&P500은 애플과 마이크로소프트, 엔비디아, 아마존 같은 빅테크 메가캡의 시가총액 급등에 의해 상승했습니다. 그러나 이러한 기업들은 배당 성향이 낮거나 배당 지급 이력이 짧아 SCHD의 포트폴리오 편입 기준을 충족하지 못했습니다. 그 결과 성장주 주도의 상승 랠리에서 소외되며 성과가 뒤처지는 주요 원인이 되었습니다.

마지막으로 배당 성장 둔화 우려 때문입니다. 배당 자체는 계속 성장했지만, 성장률은 다소 둔화되고 있습니다. 초기 10년 동안 연평균 12% 이상 성장하던 배당금이 최근에는 한 자릿수 중반대 성장률로 안정화되고 있습니다. 이는 SCHD가 더 이상 '폭발적인 성장 스토리'가 아니라 '안정적 현금흐름 수단'으로 인식되도록 만들었습니다.

SCHD는 여전히 훌륭한 배당 성장 ETF이지만, 2023년 이후 성과가 시장 평균 대비 부진한 이유는 1. 성장주 랠리에서 소외, 2. 고금리로 투자 매력 약화, 3. 섹터 집중 한계, 4. 배당 성장 둔화 등의 요인 때문입니다. 특히 SCHD의 섹터 구성이 '배당 안정성'을 위해 설계되었기 때문에 '성장 빅테크'와 고배당 섹터(에너지와 리츠) 사이에서 균형을 잡지 못한 측면이 시대적 흐름과는 다소 거리가 있습니다. 따라서 투자자들은 SCHD를 모든 상황에서 이기는 최고의 ETF로 생각하고 추종하기보다는, 안정성과 배당 성장에 초점을 둔 장기형 ETF로 이해하는 것이 더 현실적입니다. 항상 시장을 뛰어넘는 최고의 ETF는 없습니다. 투자자 상황에 맞는 최적의 ETF만 있을 뿐입니다. ETF는 모두 장단점이 있고, 어떤 ETF가 최고인가는 절대적으로 정할 수 없습니다. 투자 목적, 기간, 성향에 가장 맞는 ETF가 최적의 선택이 돼야 합니다.

은퇴 후, 배당으로 사는 삶 시뮬레이션

은퇴를 준비하는 많은 투자자의 궁극적인 목표는 단 하나입니다. 노후에 안정적인 현금흐름을 확보하는 것. SCHD는 이 목표를 가장 단순하고도 확실하게 달성할 수 있는 도구 중 하나입니다.

10억 원을 투자하면 어떻게 될까요? 현재 SCHD의 배당수익률은 약 3.5% 수준입니다. 단순 계산으로 10억 원을 투자하면 연간 약 3,500만 원의 배당금을 받을 수 있습니다. 이는 세후 약 3,000만 원 남짓으로, 매달 250만 원의 생활비를 커버할 수 있는 금액입니다. 하지만 SCHD의 진짜 힘은 여기에 있습니다. 배당이 매년 성장한다는 사실이죠. 과거 10년간 SCHD의 배당 성장률은 평균 10~12%에 달했습니다. 앞으로도 이 정도 성장률이 유지된다면, 오늘의 3,500만 원은 10년 뒤에는 연간 7,000만 원 이상으로 늘어날 수 있습니다. 은퇴 생활비가 물가와 함께 늘어나더라도, SCHD의 배당금이 그 부담을 상당 부분 상쇄해줄 수 있는 것입니다.

배당금을 단순히 생활비로 쓰는 대신, 은퇴 직전까지는 재투자한다면 효과는 훨씬 커집니다. 복리 효과로 보유 주식 수가 꾸준히 늘어나면서, 은퇴 시점에 도달했을 때는 단순 투자 대비 30~40% 이상 많은 배당을 받을 수 있습니다. 즉, 현금흐름 자산이자 동시에 복리 성장 자산이라는 두 얼굴을 동시에 가진 것이 SCHD의 장점입니다.

물론 SCHD만으로 은퇴 생활을 100% 충족하기에는 한계도 있습니다. 최근 몇 년간 보여준 부진한 성과, 성장주 랠리에 뒤처지는 구조적 약점은 무시할 수 없습니다. 따라서 전체 자산의 100%를 SCHD에 몰아넣기보다는, 주가 성장형 ETF나 다음 챕터에서 설명드릴 커버드콜 ETF와 함께 포트폴리오를 구성하는 것이 현명합니다.

SCHD는 단순한 배당 ETF가 아니라, 시간이 지날수록 은퇴를 앞당겨주는 현금흐름 자산입니다. 만약 10억 원을 투자해 은퇴를 준비한다면, 매년 불어나는 배당금이 안정적인 노후 생활비의 기반이 되어줄 것입니다. 이쯤에서 석유왕 존 록펠러가 은퇴 후 남긴 유명한 명언을 전해드립니다.

"Do you know the only thing that gives me pleasure? It's to see my dividends coming in(내 유일한 기쁨이 무엇인지 아는가? 바로 배당을 받는 것이라네)."

은퇴 후의 자유는 거창한 투자가 아니라, 꾸준히 늘어나는 배당에서 옵니다. 이것이 SCHD가 우리에게 던지는 가장 강력한 메시지입니다.

3장

숫자는 화려한데 왜 통장에는 남지 않을까?

배당 많이 받는 것과 돈 번 것의 차이

제 2의 월급을 원하는 투자자들이 늘어나면서 월배당에 높은 배당률을 가진 커버드콜 ETF들이 큰 인기를 얻고 있습니다. 바야흐로 커버드콜의 전성시대라 불릴 정도인데요. 커버드콜 ETF의 인기 비결은 안정적으로 높은 배당금을 준다는 장점 때문입니다.

예금 금리가 바닥이었던 시절, 사람들은 조금이라도 높은 수익을 찾아 주식시장으로 몰려들었습니다. 하지만 막상 투자를 해보니 주가는 오르락내리락, 마음은 늘 불안했습니다. 장기 투자로 큰 수익을 얻는 것은 말처럼 쉽지 않았습니다. 당장 생활비나 은퇴자금이 필요한 투자자들에게는 성장주에 투자할 여력도 없었지요. 바로 그때, 새로운 선택지가 등장했습니다.

매달 현금이 들어오는 주식. 커버드콜 ETF의 등장은 투자자들의 이런 갈증을 정확히 짚어냈습니다. 월세처럼 꾸준히 나오는 분배금, 복잡한 파생상품 전략을 개인이 직접 하지 않아도 되는 편리함 그리고 ETF라는 친숙한 틀 안에 담긴 안정감까지. 투자자들은 환호했고, 시장은 빠르게 반응했습니다.

지금 미국뿐 아니라 전 세계 ETF 시장에서 가장 뜨거운 키워드를 꼽으라면 단연 '커버드콜'입니다. QYLD, JEPI, JEPQ와 같은 이름들은 이제 초보 투자자들의 대화 속에서도 자연스럽게 오르내립니다. 유튜브와 블로그에서는 커버드콜로 월급 받기, JEPI로 은퇴 준비하기 같은 제목이 넘쳐납니다. 투자자들은 더 이상 단순히 '주가 상승'을 바라지 않습니다. 매달 들어오는 현금흐름을 원합니다.

이 책은 바로 그 변화의 한가운데를 기록하려는 시도입니다. 커버드콜 ETF는 과연 새로운 투자 패러다임일까요? 아니면 또 다른 유행에 불과할까요? 달콤해 보이는 '월급 같은 배당' 뒤에는 어떤 '날카로운 가시'가 숨어 있을까요?

투자의 세계에는 늘 새로운 유행이 등장합니다. 한때는 테마주가, 또 한때는 성장주가, 이제는 배당 ETF와 커버드콜 전략이 주목받고 있습니다. 그러나 유행을 좇다 보면 투자자는 늘 같은 질문에 부딪힙니다. "과연 이 상품이 나에게 맞는가?"

커버드콜 ETF도 마찬가지입니다. 어떤 이들은 매달 꼬박꼬박 들어오는 분배금을 보며 "내가 원하던 투자"라 말합니다. 반대로 어떤 이들은 시간이 지날수록 원금이 줄어드는 것을 보고 "이건 사기 아닌가?"라며 실망합니다. 똑같은 상품임에도 투자자에 따라 체감은 극과 극입니다.

그래서 이 책은 단순히 커버드콜 ETF를 칭송하거나 비난하지 않습니다. 대신 이 상품이 어떻게 작동하는지, 어떤 장점과 단점이 있는지, 어떤 투자자에게 적합한지를 있는 그대로 보여주려 합니다. 우리가 새로운 상품을 쇼핑할 때 광고만 보고 결정하지 않듯, 커버드콜 ETF도 구조와 성능, 한계까지 살펴본 후에 올바른 선택이 가능하기 때문입니다.

이 책을 통해 여러분은 다음과 같은 질문에 답을 얻게 될 것입니다.

- 커버드콜 ETF가 왜 이렇게 인기를 끌게 되었는가?
- QYLD, JEPI, JEPQ 등 대표 상품들의 실제 성과와 차이는 무엇인가?
- '연배당률 100%'라는 달콤한 문구 뒤에는 어떤 위험이 숨어 있는가?
- 배당만 보고 투자하면 왜 큰 손해를 볼 수 있는가?

투자에는 언제나 대가가 있습니다. 높은 배당을 얻는 대신 성장의 기회를 양보해야 할 수도 있고, 안정적인 현금흐름 뒤에는 원금 손실이라는 위험이 숨어 있을 수도 있습니다. 커버드콜 ETF는 이러한 투자 원리를 그 어떤 상품보다도 선명하게 보여주는 대표적인 사례라 할 수 있습니다.

이 책이 단순한 커버드콜 ETF 입문서에 그치지 않기를 바랍니다. 독자들이 특정 상품을 넘어, 투자를 바라보는 시야 자체를 넓히는 계기가 됐으면 합니다. 인기 있는 상품을 무조건 따라 사기보다, 왜 인기를 얻었는지, 어떤 구조로 작동하는지, 그것이 과연 나에게 맞는 선택인지 한 번 더 생각해보는 습관. 그것이야말로 투자자로서 가장 중요한 자산이기 때문입니다.

이제 커버드콜 ETF의 세계를 함께 살펴봅시다. 화려한 분배금이라는 무대 뒤에서 어떤 진실이 드러나는지, 그 과정에서 우리가 얻을 수 있는 기회와 교훈은 무엇인지 차분히 살펴보려 합니다.

고배당의 함정

많은 개인 투자자는 주식시장에서 '성장'보다 '현금흐름'을 원합니다. 주가가 오르기를 마냥 기다리기보다는, 당장 생활비나 여윳돈으로 활용할 수 있는 '배당'을 선호하지요. 하지만 전통적인 배당주만으로는 기대만큼의 현금흐름을 얻기 어렵습니다. 애플이나 마이크로소프트처럼 세계 최고의 기업들조차 배당률은 1% 남짓에 불과합니다. 은행 예금 금리보다도 낮은 수준입니다. 바로 이 지점을 파고든 것이 커버드콜 ETF입니다.

커버드콜 전략은 비교적 단순합니다. 보유한 주식(예를 들어 나스닥 100지수 구성 종목들)에 대해 콜 옵션을 팔고, 그 대가로 옵션 프리미엄을 받습니다. 이 프리미엄을 투자자에게 분배금 형태로 지급하니, 결과적으로 높은 현금흐름을 만들 수 있습니다. 흔히 주식으로 '월세'를 받는 것에 비유되기도 합니다. 특히 저금리 시대가 끝나고 고금리 환경이 찾아오면서 투자자들의 관심은 다시 '현금흐름'으로 옮겨갔습니다.

"매달 나오는 분배금으로 생활비를 충당할 수 있다면, 굳이 불확실한 주가 상승을 기다릴 필요가 있을까?"라는 인식이 확산된 것이지요. 여기에 ETF라는 간편한 투자 수단이 더해지면서, 증권계좌만 있으면 누구나 손쉽게 접근할 수 있게 되었고, 커버드콜 ETF는 빠르게 대중적 인기를 얻었습니다. 커버드콜 ETF의 인기를 가장 잘 보여주는 사례가 있습니다.

금융자산 10억 원으로 은퇴를 준비하는 사업가 A씨는 SCHD에 투자했습니다. SCHD의 세후 배당률은 3.2%로, 은행 이자보다 조금 나은 수준에 불과합니다. 하지만 대신 연평균 주가 상승률이 약 9.5%에 달합니다. 배당률은 낮지만 자산 자체가 꾸준히 성장해주기 때문에, 매달 약 267만 원의 배당금을 생활비로 모두 사용하더라도 투자 원금이 줄어들 가능성은 크지 않습니다. 오히려 장기적으로는 자산이 함께 불어나는 구조라 할 수 있습니다.

문제는 이런 선택지가 현실적으로 극소수에게만 가능하다는 점입니다. 부동산을 제외하고 순수 금융자산만 10억 원을 보유한 은퇴 준비자는 우리나라에서 상위 0.1% 수준에 불과합니다. 대부분의 사람들에게는 쉽게 도달하기 어려운 금액이지요.

그래서 많은 은퇴자는 자연스럽게 배당률이 10%에 가까운 커버드콜 ETF로 눈을 돌리게 됩니다. 예를 들어 은행에서 희망퇴직

구분	금융자산 5억 원 투자	금융자산 10억 원 투자
투자종목	JEPI(월배당)	SCHD(분기배당)
CAGR	1.4%	9.5%
세후 배당률	8.0%	3.2%
총 수익률 (Total Return)	9.4%	12.7%
투자금액	5억 원	10억 원
월배당금	약 333만 원	약 267만 원
배당금 활용	월배당금의 3/4(약 253만 원) → 생활비 인출 월배당금의 1/4(약 80만 원) → 재투자 또는 현금 적립	월배당금 전액(267만 원) → 생활비 사용
자산 성장성	낮음(현금흐름 중심)	높음(자산·배당의 장기 성장)
투자 성격 요약	즉시 현금흐름형	성장 병행형

한 B씨는 금융자산 5억 원으로 JEPI에 투자했습니다. JEPI의 세후 배당률은 약 8% 수준으로, 5억 원을 투자하면 매달 약 333만 원의 현금흐름을 기대할 수 있습니다. 생활비를 충당하기에는 충분히 매력적인 금액입니다.

하지만 JEPI에는 분명한 한계도 존재합니다. 커버드콜 구조의 특성상 주가 상승 여력이 제한적이라는 점입니다. 시장이 횡보하거나 하락 국면으로 접어들 경우, 배당금을 받는 동안에도 원금이 서서히 줄어들 수 있습니다. 즉, 높은 현금흐름을 얻는 대신 자산 성장과 방어력 일부를 포기하는 구조인 셈입니다.

따라서 JEPI에서 나오는 배당금을 모두 생활비로 써버리는 것은 다소 위험한 선택이 될 수 있습니다. 보다 현실적인 방법은 월 배당의 약 4분의 3은 생활비로 사용하고, 나머지 4분의 1 정도는 재투자하거나 현금으로 적립해두는 것입니다. 여건이 허락한다면 생활비 사용 비중을 3분의 2 수준으로 낮추고, 3분의 1 이상을 비상시 자금으로 축적하는 것도 바람직합니다. 이러한 방식이라면 경기 침체와 같은 위기 상황에서도 대응 여력이 생기고, 장기적으로 자산이 소진될 위험 역시 줄일 수 있습니다.

이 사례가 보여주듯, 커버드콜 ETF가 인기를 끄는 이유는 비교적 단순합니다. 성장형 ETF인 SCHD는 자산을 불려주는 데 강점이 있지만, 당장 생활비로 활용하기에는 배당금이 충분하지 않습니다. 반면 JEPI와 같은 커버드콜 ETF는 자산 성장성은 제한적인 대신, 즉각적인 현금흐름을 만들어줍니다.

즉, 커버드콜 ETF는 "성장을 일부 포기하더라도 안정적인 현금흐름을 확보하겠다"는 투자자의 심리를 정확히 충족시켜 주는 상품입니다. 불확실한 미래의 수익보다 지금 눈앞의 현금이 더 중요하게 느껴지는 사람들에게, JEPI와 같은 커버드콜 ETF는 매력적인 선택지가 될 수밖에 없습니다.

실제로 2020년 이후 미국 ETF 시장에서 가장 많은 자금이 유입된 상품들 가운데 상당수가 커버드콜 ETF였습니다. QYLD, XYLD, RYLD와 같은 1세대 커버드콜 ETF들은 '월배당'이라는 콘셉트로 소셜미디어와 유튜브를 중심으로 빠르게 확산됐습니다. "QYLD로 매달 월급처럼 배당 받는다"는 제목의 영상에 이끌려 투자에 나선 개인 투자자들도 적지 않았습니다.

이처럼 커버드콜 ETF는 단순한 고배당 상품이 아니라, 투자 심리가 고스란히 반영된 결과물이기도 합니다. 변동성이 커지고 미래가 불확실해질수록, 사람들은 내일의 12달러보다 오늘의 10달러를 더 달콤하게 느낍니다.

하지만 모든 인기 상품이 그렇듯, 그 이면에는 반드시 주의해야 할 지점이 존재합니다. 커버드콜 ETF는 매력적인 '월세 통장'이지만, 동시에 '집값 상승을 양보하는 구조'이기도 합니다. 주가가 크게 오르는 상승장에서 얻을 수 있는 수익의 일부를 포기하는 대가로, 매달 현금흐름을 선택하는 전략인 셈입니다.

이 책은 바로 그 매력과 함정을 동시에 짚어보려 합니다. '커버드콜 ETF 전성시대'라는 화려한 이름 뒤에 숨은 구조와 대가를 이해한다면, 여러분은 이 상품을 훨씬 더 현실적이고 현명하게 활용할 수 있을 것입니다.

✓ 커버드콜 ETF 종류

커버드콜 ETF라고 해서 모두 같은 상품은 아닙니다. 겉으로 보기에는 '매달 배당을 준다'는 공통점이 있지만, 어떤 지수를 추종하는지, 옵션을 얼마나 쓰는지, 운용사가 어떤 철학을 갖고 있는지에 따라 성격은 크게 달라집니다.

먼저, 1세대 원조인 QYLD, XYLD, RYLD에 대해 설명하겠습니다. 원조 커버드콜 ETF로 꼽히는 상품은 QYLD입니다. QYLD는 나스닥100지수에 포함된 대형 기술주들을 기초자산으로 삼고, 여기에 100% 커버드콜 전략을 적용합니다. 즉, 나스닥100 주식을 보유하는 동시에 동일한 규모의 콜옵션을 매도해 매달 옵션 프리미엄을 확보하고, 이를 분배금으로 지급하는 구조입니다. 이후 같은 방식으로 S&P500을 기초자산으로 하는 XYLD, 러셀2000지수를 기반으로 한 RYLD가 출시되면서, 투자자들은 자신

● 커버드콜 ETF 종류

구분	기초자산	대표 ETF	특징	장점	단점	적합한 투자자
1세대	지수 100% 커버드콜	QYLD, XYLD, RYLD	단순 구조, 매월 콜옵션 매도	배당률 높음, 매월 안정적 분배	주가 상승 기회 없음, 장기 총 수익률 낮음	매월 일정 생활비가 필요한 투자자
2세대 (진화형)	부분 커버드콜+종목 선별	JEPI, JEPQ, GPIX, GPIQ	운용사별 액티브 전략	분배금+성장성 확보, 완성도 높은 구조	지수에 따라 원금 손실 가능, 분배금 변동성	월 현금흐름과 성장 기회를 동시에 원하는 투자자
배당 성장형	고배당주 직접 선별+옵션 일부	DIVO	액티브 종목 선택형, 배당 성장 병행	안정적 총 수익률, 꾸준한 분배금	배당률이 다소 낮음 (약 3~5%)	안정성과 성장을 모두 원하는 투자자
초고 배당형 / 초고 위험형	개별 성장주+공격적 옵션	일드맥스 시리즈, MSTY, NVDY	연 50~100% 초고배당 전략	단기적으로 초고배당 가능	원금 손실 위험 매우 큼. 장기 지속 불가	위험을 감수하더라도 단기 고수익을 원하는 공격적 투자자

이 선호하는 지수에 맞춰 선택할 수 있게 되었습니다. 이들 ETF의 가장 큰 특징은 '전액 옵션 매도'라는 단순하고 직관적인 구조입니다. 다만 단점도 분명합니다. 상승장에서 주가가 오를 경우, 그 이익을 대부분 옵션 매수자에게 넘겨줘야 하므로 자본차익을 기대하기 어렵습니다. 그 결과 장기 보유 시 총 수익률은 낮아질 수밖에 없습니다.

둘째로 진화형 2세대인 JEPI와 JEPQ입니다. 1세대 커버드콜 ETF의 한계를 보완하기 위해 등장한 상품이 JEPI와 JEPQ입니다. JEPI는 S&P500을 기반으로 하지만, 지수를 그대로 추종하지는 않습니다. JP모건 운용팀이 재무구조와 수익 안정성이 높은 '퀄리티' 종목을 선별해 편입하고, 여기에 커버드콜 전략을 부분적으로만 적용합니다. 이를 통해 분배금을 확보하면서도 상승장에서의 기회 일부를 유지하는 것을 목표로 합니다. JEPQ는 나스닥100을 기반으로 한 상품으로, 기술주 특유의 성장성과 변동성이 반영됩니다. 그만큼 JEPI보다 분배금 수준이 더 높을 수 있지만, 동시에 가격 변동성 역시 더 큽니다. 이런 이유로 JEPI가 상대적으로 방어적인 성격이라면, JEPQ는 보다 공격적인 커버드콜 ETF로 분류할 수 있습니다.

셋째로 배당 성장형인 DIVO입니다. 커버드콜 ETF 가운데 비교적 독특한 위치에 있는 상품이 DIVO입니다. DIVO는 지수를 단순 추종하지 않고, 운용사가 직접 종목을 선별합니다. 고배당 성향과 성장성을 함께 갖춘 기업을 중심으로 포트폴리오를 구성하고, 일부 종목에만 옵션 전략을 적용합니다. 이 때문에 분배금 수준은 다른 커버드콜 ETF보다 낮은 편이지만, 장기 총 수익률과 안정성은 상대적으로 우수합니다. 단기 현금흐름보다는 '현금흐름과 자본 성장의 균형'을 중시하는 투자자에게 적합한 상품이라 할 수 있습니다.

넷째로 초고배당 실험인 일드맥스(YieldMax) 시리즈입니다. 최근에는 연 50~100%에 달하는 배당률을 내세운 초고위험 커버드콜 ETF도 등장했습니다. 테슬라, 엔비디아, 아마존과 같은 개별 성장주에 극단적인 커버드콜 전략을 적용해, 월급처럼 높은 분배금을 지급하는 구조입니다. 이른바 '일드맥스' 시리즈로 불리는 이 상품들은 혁신적이라는 평가와 동시에 논란의 중심에 서 있습니다. 단기적으로는 매우 높은 배당을 제공할 수 있지만, 장기적으로 원금이 보전될 가능성은 낮기 때문입니다. 말 그대로 실험적인 상품에 가깝습니다.

투자자는 자신의 상황에 따라 선택해야 합니다. 은퇴를 앞두고 생활비 현금흐름이 절실한 사람은 JEPI 같은 안정적 월배당 상품을, 장기 성장을 병행하고 싶은 사람은 DIVO나 부분 커버드콜 전략을, 단기 고수익 모험을 원하는 사람은 일드맥스와 같은 초고배당 상품을 고려할 수 있습니다. 커버드콜 ETF라고 해서 모두 같은 얼굴을 하고 있지는 않습니다. 내가 원하는 것은 '생활비인가, 안정성인가 혹은 높은 위험을 안고 고수익을 추구할 것인가'를 스스로 물어보고 신중하게 판단해야 합니다.

1세대 원조 커버드콜 QYLD에 10년 투자했다면

세전 연 배당률이 10%가 넘는 QYLD에 10년간 투자했을 때, 과연 투자 원금을 지킬 수 있을까요? 또한 긴 시간 투자한 후 실제 자산은 어떻게 변했을까요? 이를 확인하기 위해 실제 데이터를 기반으로 투자 시뮬레이션을 살펴보겠습니다.

  QYLD는 상장 이후 뚜렷한 주가 상승 흐름을 보여주지 못했습니다. 2013년 상장 당시 약 25달러 수준에서 출발했지만, 이후 주가는 20달러 초반대를 중심으로 등락을 반복했습니다. 2018년에는 21달러까지 하락했고, 이후 일시적으로 회복세를 보였으나 2020년 코로나 팬데믹 국면에서는 17달러 초반까지 밀리기도 했습니다. 이후 기술주 급등의 영향으로 한때 22달러 선을 회복했

● **QYLD 상장 이후 수익 구조 변화**

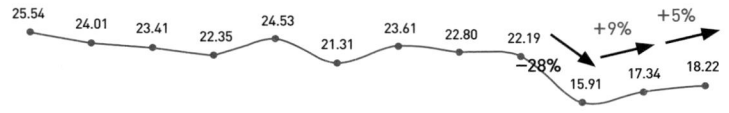

QYLD 상장 후 연평균 성장률 −3%

지만, 상승 흐름이 지속되지는 못했습니다. 2022년에는 약 28%의 큰 폭의 하락을 기록하며 주가가 15달러까지 떨어졌는데, 이는 상장 이후 가장 큰 낙폭이었습니다. 2023년과 2024년에는 각각 9%, 5% 상승하며 일부 회복세를 보였지만, 같은 기간 나스닥지수의 강한 상승률과 비교하면 성과는 크게 뒤처졌습니다. 결과적으로 QYLD의 상장 이후 연평균 성장률(CAGR)은 약 -3% 수준에 머물렀습니다. 즉, 높은 분배금을 지급해왔음에도 불구하고, 주가 자체는 장기적으로 서서히 감소하는 모습을 보여주었습니다.

☑ QYLD의 배당 현황

QYLD의 가장 큰 특징은 주가 성장보다는 높은 배당에 있습니다. 표를 보면 대부분의 기간 동안 세전 기준 연 10% 내외의 배당률을 유지했습니다. 2017년에는 배당금이 줄면서 배당률이 7%대까지 하락했으나, 2018년 주가가 크게 조정되면서 배당률은 11%를 넘어섰습니다. 2022년에는 주당 배당금이 예년과 크게 다르지 않았지만, 주가 급락으로 인해 배당률이 무려 15.9%까지 치솟았습니다. 2023년에는 11.8%, 2024년에도 12.2%의 배당률을 기록하며 여전히 높은 수준을 유지했습니다. 상장 이후 10년 동안 QYLD의 평균 세전 배당 수익률은 약 11%로 집계됩니다.

☑ 10년 투자 시뮬레이션

2014년 1월 2일 QYLD 주가가 25.44달러, 환율이 1,055원이었을

구분(년)	2014	2015	2016	2017	2018	2019	2020	2021	2022	2023	2024
주가($)	24.01	23.41	22.35	24.53	21.31	23.61	22.80	22.19	15.91	17.34	18.22
주당 배당금($)	2.4639	2.3484	2.0439	1.7766	2.4781	2.3294	2.4804	2.5811	2.5261	2.0376	2.1045
세전 배당률(%)	10.3	10.0	9.1	7.2	11.6	9.9	10.9	11.6	15.9	11.8	12.2

때 1,000주를 매수했다고 가정해보겠습니다. 초기 투자금은 2만 5,440달러, 원화로 약 2,684만 원입니다. 10년이 지난 2024년 말 기준 QYLD 주가는 18.22달러로 약 30% 하락했습니다. 그러나 같은 기간 환율이 1,470원으로 약 39% 상승하면서, 원화 기준 평가금액은 약 2,678만 원으로 초기 투자금과 거의 동일한 수준을 유지했습니다. 여기에 10년 동안 누적된 세후 배당금은 약 2만 1,390달러에 달합니다. 이를 평가금액과 합산하면 총 평가자산은 약 5,822만 원으로, 초기 투자금 대비 약 117%의 수익률을 기록하게 됩니다.

QYLD는 주가 자체만 놓고 보면 장기 성과가 우수한 상품은 아닙니다. 상장 이후 연평균 주가가 하락하는 흐름을 보여왔기 때문입니다. 그럼에도 불구하고 꾸준히 지급된 고배당과 환율 상승 효과가 더해지면서 원금은 사실상 보전되었고, 결과적으로 두 배가 넘는 누적 수익을 달성할 수 있었습니다.

다만, 배당금을 단순 소비하지 않고 다른 고배당 ETF나 나스닥

• QYLD 10년 보유 시 자산 변화

구분	2014.01.02 (매수 시점)	2024.12.31 (10년 후)	변화
주가($)	25.44	18.22	-28%
환율(원·달러)	1,055	1,470	+39%
매수량	1,000주	1,000주	-
투자금($)	25,440	-	-
투자금(원)	26,846,832	-	-
평가자산($)	-	18,220	-28%
평가자산(원)	-	26,783,400	0%
120개월 세후 배당금($)	-	21,390	-
총 평가자산(원) (평가액＋배당금)		58,226,700	+117%

성장주 ETF(QQQ 등)에 재투자했다면 장기 성과는 훨씬 더 높아
졌을 가능성이 큽니다. 이는 QYLD와 같은 고배당 상품이 '무엇
을 사느냐'보다 '어떻게 활용하느냐'에 따라 장기 성과가 크게 달
라질 수 있음을 보여주는 사례입니다.

주가, 배당, 환율 모두를 고려하라

QYLD에 10년간 장기 투자했을 경우, 매월 지급되는 배당금을

● QYLD 10년 투자 요약

장점	세전 연평균 약 11%의 높은 배당 수익률 10년간 누적 배당금으로 초기 투자금의 80% 이상 회수 환율 상승 효과로 원금 손실 방어 가능
단점	주가 자체는 상장 이후 연평균 3% 하락 장기 성장성 부족, 자본차익보다 배당에 의존 배당금을 소비할 경우 자산 증식 효과 제한적

소비하지 않고 꾸준히 적립해두면 투자 원금이 약 두 배로 불어나는 결과를 확인할 수 있습니다. 10년 동안 자산이 두 배가 된다는 것은 연평균 7% 이상의 수익률을 기록했다는 의미로, 이는 은행 예금 이자와 비교하면 훨씬 우수한 성과라 할 수 있습니다. QYLD의 가장 큰 매력은 바로 이처럼 높은 배당률입니다.

하지만 동시에 분명한 한계도 존재합니다. QYLD는 주가 자체가 장기적으로 우하향하는 구조를 지니고 있습니다. 높은 배당을 받는 대신 자본가치는 조금씩 감소하는 특성상, 장기 투자자 입장에서는 '배당을 취할 것인가, 자본 성장을 포기할 것인가'라는 고민을 안고 갈 수밖에 없습니다.

이러한 QYLD의 약점을 보완하며 커버드콜 ETF 시장에 혜성처럼 등장한 상품이 있습니다. 바로 '최고의 커버드콜 ETF'로 불리며 단기간에 큰 인기를 끌어모은 JEPI입니다. 커버드콜 ETF의 원조는 글로벌X의 XYLD와 QYLD지만, 사실상 커버드콜 ETF의 전성시대를 연 상품은 JEPI라고 평가해도 과언이 아닙니다. JEPI

는 출시 이후 안정적인 배당과 뛰어난 주가 방어력을 동시에 보여주며, 커버드콜 ETF 시장의 기준점 역할을 하게 되었습니다.

JEPI의 위상은 배당 ETF 시장에서 SPY가 차지하는 위치와도 유사합니다. SPY가 최초의 인덱스 펀드는 아니었지만, SPDR의 SPY를 통해 ETF가 대중화되었고, ETF가 21세기 최고의 금융상품 중 하나로 자리 잡게 되었습니다. JEPI 역시 커버드콜 ETF라는 영역을 주류 투자자들에게 각인시킨 상징적인 상품이라 할 수 있습니다.

JEPI가 높은 인기를 얻은 이유는 분명합니다. 출시 이후 운용 성과가 안정적이었고, 배당 역시 꾸준하면서도 높은 수준을 유지해왔기 때문입니다. JEPI는 S&P500을 기반으로 커버드콜 전략을 실행하는 액티브 ETF로, 단순히 지수를 추종하는 방식이 아니라 변동성이 낮고 가치 성향이 강한 종목들을 선별해 포트폴리오를 구성합니다. 여기에 커버드콜 옵션 매매와 주가연계증권(ELN) 전략을 병행해 추가 수익을 창출하는 구조를 갖추고 있습니다. 이러한 운용 방식 덕분에 JEPI는 배당 수익에만 의존하지 않고, 일정 수준의 주가 성장도 함께 추구할 수 있는 ETF로 평가받습니다.

JEPI는 2020년 5월 상장 이후 비교적 짧은 기간 만에 커버드콜 ETF 가운데 가장 성공적인 상품으로 자리 잡았습니다. 운용사는 글로벌 금융사의 상징이라 할 수 있는 JP모건 자산운용사로, 출시 초기부터 안정적인 월배당과 낮은 변동성을 강점으로 내세우며 투자자들의 신뢰를 빠르게 확보했습니다. 현재 운용자산 규모는 약 410억 달러에 달하며, 이는 ETF 시장에서 매우 높은 신뢰도를 의미합니다. 운용 보수는 0.35%로 액티브 ETF임을 감안하면 합리적인 수준이며, 일평균 수백만 주가 거래될 정도로 유동성도 풍부합니다.

JEPI의 성공에 힘입어 2년 뒤 나스닥100을 기반으로 한 커버드콜 ETF인 JEPQ가 출시되었습니다. 같은 자산운용사에서 비슷한 구조로 출시된 만큼, 투자자들 사이에서는 흔히 JEPI와 JEPQ를 '형제 ETF'라고 부릅니다. JEPQ는 JEPI보다 한층 공격적인 성향을 지니며, 나스닥100 구성 종목 가운데 대형 기술주를 중심으로 포트폴리오를 구성한 뒤 커버드콜 전략과 ELN을 결합해 수익과 안정성을 동시에 추구합니다. JEPI가 S&P500을 기반으로 한 안정형 상품이라면, JEPQ는 나스닥 기반의 성장형 소득 ETF라고 볼 수 있습니다.

성과를 살펴보면 두 ETF의 성격 차이는 더욱 분명해집니다. JEPI는 상장 이후 연 세전 배당률 7~10% 수준을 꾸준히 유지해왔으며, 하락장에서도 상대적으로 강한 방어력을 보여주었습니다. 2020년과 2021년에는 각각 두 자릿수 수익률을 기록했고, 2022년 글로벌 증시 약세 국면에서도 낙폭을 제한하는 데 성공했습니다. 이후 2023년과 2024년에는 다시 안정적인 회복세를 보이며, 출시 이후 연환산 약 11% 안팎의 성과를 기록하고 있습니다. 최근 1년 기준 배당 수익률 역시 약 8%대로, 장기적으로 안정적인 성과와 소득을 동시에 제공해온 ETF임을 입증했습니다.

반면 JEPQ는 보다 공격적인 성격답게 변동성도 상대적으로 큽니다. 2022년 상장 직후 약세장에서 큰 폭의 조정을 겪었지만, 이후 2023년과 2024년에는 강력한 반등을 보여주며 나스닥 상승장의 과실을 상당 부분 누렸습니다. 배당률 역시 매년 9~12% 수준을 유지하고 있어, 상승장에서는 주가 성장과 배당 수익을 동시에 기대할 수 있는 구조를 갖추고 있습니다.

정리하자면, JEPI는 하락장에서 방어력이 돋보이는 안정적인 소득형 ETF이고, JEPQ는 상승장에서 더 큰 주가 성장을 기대할 수 있는 성장형 소득 ETF입니다. 투자자는 자신의 성향에 따라 안정적인 현금흐름을 원한다면 JEPI를, 성장성과 배당을 동시에 추구한다면 JEPQ를 선택하는 전략을 고려해볼 수 있습니다.

연배당률 100%의 정체

ETF 시장은 날마다 진화하고 있습니다. 그중에서도 최근 투자자들의 시선을 단번에 사로잡은 상품이 있습니다. 바로 연 배당률이 100%를 넘어선다고 알려진 일드맥스 ETF입니다. 연 배당률 100%. 믿기 어려울 만큼 달콤한 숫자입니다. 매달 투자금의 10%에 가까운 현금이 꼬박꼬박 들어온다면, 은행 이자와 비교하는 것 자체가 무의미해 보일 수도 있습니다. 이런 환상적인 약속을 내세우며 등장한 상품이 바로 일드맥스 ETF입니다. 투자자들은 이 기적 같은 현금흐름에 열광했고, 마치 새로운 부의 공식을 발견한 것처럼 몰려들었습니다.

일드맥스 ETF는 매달 투자금의 8~10%에 달하는 분배금을 지급하며 '배당금으로 월급을 받는 상품'처럼 홍보됩니다. 단순 계산만 해도 1,000만 원을 투자하면 1년 만에 원금에 맞먹는 분배금을 받을 수 있다는 결론에 이르니, 투자자들의 관심을 끌 수밖에 없습니다.

하지만 정말 이런 일이 가능한 걸까요? 만약 이 구조가 진정한 혁신이라면, 우리는 이미 모두 부자가 되어 있어야 하지 않을까요? 화려한 고배당률 뒤에 숨겨진 진실은 '혁신'이 아니라 '원금 잠식'이라는 훨씬 냉혹한 현실일지도 모릅니다.

이 상품은 새로운 금융공학의 산물일까요, 아니면 배당률이라는 숫자로 투자자를 현혹하는 '배당 착시'에 불과한 구조일까요. 높은 배당률은 정교한 금융기법의 결과일 수도 있지만, 동시에 원금을 조금씩 깎아 배당처럼 보이게 만드는 착시일 가능성도 배제할 수 없습니다.

이 장에서는 일드맥스 ETF가 어떻게 연 100%가 넘는 배당률을 만들어내는지 그 구조와 메커니즘을 살펴보고, 그 이면에 숨어 있는 위험과 한계를 차분히 짚어보고자 합니다.

백화점과 마트 문화센터에서 배당 투자 강의를 하다 보면 쉽게 잊히지 않는 사연들을 종종 만나게 됩니다. 그중 한 분의 이야기를 소개해 보겠습니다.

50대 주부 A씨는 딸을 해외로 유학 보내며 생활비 부담을 느끼던 중, 노후자금으로 준비해 두었던 연금과 적금을 깨 지난해 12월 CONY에 1억 원을 투자했습니다. 유튜브에서 '연 50%가 넘는 배당'이라는 영상을 접한 것이 계기였습니다. 원금이 다소 줄어들더라도 배당금으로 유학비를 충당하고, 남는 돈은 다시 저축하면 원금은 방어할 수 있을 것이라 생각했습니다. 이 투자는 남편에게 알리지 않은 상태였습니다.

투자 시점은 비트코인이 연일 최고가를 경신하며 시장 분위기가 과열돼 있던 때였습니다. A씨는 CONY를 주당 17달러에 4,000주 매수했고, 첫 달에 세후 약 660만 원의 배당금을 받았습니다. 이 중 500만 원을 딸에게 유학비로 송금했습니다.

하지만 상황은 빠르게 달라졌습니다. 2월부터 CONY 주가가 하락하기 시작했고, 4월에는 7달러 초반까지 떨어지며 약 60% 가까운 하락을 기록했습니다. 5개월 동안 받은 배당금은 2,000만 원을 넘었지만, 계좌에 남은 주식 평가액은 4,000만 원 수준에 불과했습니다. 배당금 중 1,500만 원은 이미 유학비로 사용했고, 현재 남은 자산은 주식 4,000만 원과 현금 500만 원, 합계 4,500만 원이었습니다. 결과적으로 1억 원의 투자금은 절반 이상 줄어든 셈입니다.

여기에 세금 문제까지 겹쳤습니다. 연간 배당금이 2,000만 원을 초과하면서 종합소득세 과세 대상이 되었고, 다음 해에는 건강보험료 부담까지 예상되는 상황이었습니다. 주가가 빠르게 회복되지 않는다면 부담은 더 커질 수밖에 없는 구조였습니다.

강의가 끝난 뒤 카페로 자리를 옮겨 배당금과 세금 구조를 하나하나 설명드리며, 가능한 한 빨리 남편 명의 계좌로 증여해 인적공제를 활용하는 절세 방안을 안내했습니다. 동시에 일드맥스 ETF는 저점 진입과 타이밍이 핵심인 고난도 상품이며, 배당금을 생활비나 교육비로 사용하는 것은 매우 위험하다는 점도 강조했습니다. 높은 배당은 소비가 아니라, 재투자와 매도 전략이 함께 할 때에만 의미를 가질 수 있습니다.

딸의 유학 생활을 조금이라도 넉넉히 지원하고 싶은 어머니의 마음은 충분히 공감이 갑니다. 그러나 세상에 쉽게 벌 수 있는 돈은 없습니다. 연 100% 배당이라는 숫자에 현혹돼 섣불리 투자하는 것은, 준비 없이 상가에 투자했다가 공실과 경매를 맞닥뜨리는 상황과 크게 다르지 않습니다.

배당 투자 강의를 하다 보면 A씨와 비슷한 사연을 가진 분들을 자주 만납니다. 일드맥스뿐 아니라 JEPI나 JEPQ 역시 마찬가지입니다. 배당률만 보고 판단해서는 안 됩니다. 주가, 배당, 환율, 세금까지 모두 합산한 결과가 진짜 수익입니다. 종목 선택만큼이나 환율과 세금에 대한 이해가 중요한 이유입니다.

✓ 고배당의 유혹

투자자라면 누구나 한 번쯤 '연 100% 배당률'이라는 문구에 시선을 빼앗기게 됩니다. 은행 예금 금리가 연 3%대에 머무는 시대에, 불과 몇 달 만에 원금 이상의 분배금을 받을 수 있다는 이야기는 지나치게 매혹적으로 들립니다. 매달 직장인의 월급처럼 통장에 들어오는 배당금은 조기 은퇴를 꿈꾸는 투자자들에게 현실적인 희망처럼 다가옵니다.

특히 이러한 ETF들은 대부분 '일드맥스'라는 이름을 달고, 테슬라, 엔비디아, 코인베이스처럼 화려한 성장주와 연결되어 있습니다. 이 때문에 투자자들은 성장주의 기대감과 고배당의 안정감을 동시에 누릴 수 있을 것이라는 착각에 빠지기 쉽습니다. 달콤한 사탕 안에 독한 술이 들어 있는 줄도 모른 채 삼키는 것과 다르지 않습니다.

겉으로 보기에는 연 100%를 넘나드는 배당률을 자랑하지만, 그 속을 들여다보면 이야기는 전혀 달라집니다. 일드맥스 ETF가 지급하는 분배금의 상당 부분은 ROC(Return of Capital), 즉 자본 환급 성격을 띱니다. 옵션 매매와 파생상품 수익을 일부 반영하긴 하지만, 결국은 투자 원금의 일부를 다시 돌려주는 구조에 가깝습니다. 당장은 '배당금'처럼 보이지만, 본질적으로는 내 돈을 나눠 받는 셈입니다.

이렇게 높은 분배금이 지급된 뒤에는 주가가 배당락으로 크게 하락하는 경우가 많습니다. 더 큰 문제는 이 하락분이 장기간 회복되지 않는다는 점입니다. 투자자가 기대하던 복리 효과는 사라지고, 시간이 지날수록 원금은 조금씩 깎여 나갑니다. 결국 장기 투자자일수록 받은 배당금보다 잃은 원금이 더 큰 결과에 직면할 가능성이 큽니다.

초고배당 ETF가 특히 화제가 되는 이유는 단기간에 눈에 보이는 현금흐름을 만들어주기 때문입니다. 한 달에 투자금의 5~10%가 배당금 형태로 입금되면, 투자자는 마치 월세 수익을 얻는 것 같은 착각에 빠집니다. 처음 몇 달은 이 정도면 금방 원금을 회수하겠다는 기대감이 생기고, 스스로 투자를 잘하고 있다는 확신도 들게 됩니다.

하지만 장기적으로 보면 상황은 정반대입니다. 분배금 지급과 동시에 주가가 하락하면서 원금 자체가 줄어들고, 그 결과 앞으로 받을 수 있는 배당금의 절대 규모 역시 점점 감소합니다. 당장 손에 쥔 현금은 늘어나지만, 계좌 전체 자산은 오히려 줄어드는 아이러니한 상황이 벌어지는 것입니다.

이러한 착시는 주식 투자에서 반복되어 온 '현금흐름의 달콤함'이 만들어낸 함정입니다. 특히 은퇴자나 안정적인 소득을 원하는 투자자일수록 이 유혹에 쉽게 빠집니다. 그러나 장기적인 관점에서 중요한 것은 눈앞의 분배금이 아니라 총자산의 보존과 성장입니다. 배당금이 아무리 많아 보여도 원금이 줄어든다면, 투자자는 시간이 갈수록 점점 불리한 위치에 놓이게 됩니다.

이론적인 설명만으로는 체감이 잘 되지 않을 수 있습니다. 실제 사례를 통해, 일드맥스 ETF가 어떻게 성공처럼 보이면서도 동시에 구조적 한계를 드러내는지를 구체적으로 살펴보겠습니다.

일드맥스 ETF 시리즈는 출시 초기부터 개인 투자자들 사이에서 엄청난 화제를 불러일으켰습니다. 이유는 단순했습니다. 매달 7~12%에 달하는 분배금을 지급했기 때문입니다. 이를 연간으로 환산하면 100%를 훌쩍 넘는 수준입니다.

실제로 MSTY(마이크로스트래티지 기반), CONY(코인베이스 기반), NVDY(엔비디아 기반) 등은 '성공 사례'를 만들어낸 ETF들이었습니다. 특히 암호화폐 시장과 AI 열풍이 한창이던 시기에 진입한 투자자들은 예상보다 빠른 속도로 배당금을 쌓아갔습니다. 일부 투자자들은 불과 6개월 남짓한 기간에 초기 투자금의 절반 이상을 회수했고, 이후 남은 투자금에서 나오는 분배금은 마치 덤처럼 느껴졌습니다. 이런 경험은 일드맥스를 '황금알을 낳는 거위'로 인식하게 만들기에 충분했습니다.

그러나 모든 투자자가 달콤한 결과를 누린 것은 아니었습니다. 문제는 뒤늦게 진입한 투자자들이었습니다. 이미 배당락으로 주가가 크게 하락한 이후 매수한 투자자들은, 매달 분배금을 받으면서도 계좌 잔고는 점점 줄어드는 경험을 하게 됩니다. 특히 상승 모멘텀이 꺾이거나 시장이 조정 국면에 들어서면, 받은 배당금보다 원금 손실이 더 커지는 경우가 빈번하게 발생했습니다.

결국 일드맥스 ETF는 진입 시점에 따라 결과가 극명하게 갈리는 상품입니다. 초기에 진입해 단기간에 원금을 회수한 투자자에게는 성공의 기억이 남지만, 늦게 들어간 투자자에게는 뼈아픈 교훈만 남기는 구조라는 점을 반드시 이해해야 합니다.

이러한 구조적 한계는 TSLY(테슬라 기반 ETF) 사례에서 더욱 분명하게 드러납니다. 2023년 출시 당시 TSLY는 '연 70~80% 배당률'이라는 자극적인 숫자로 폭발적인 관심을 받았습니다. 매달 두 자릿수에 가까운 분배금이 지급되고, 테슬라라는 초대형 성장주에 고배당까지 더해진다는 점은 개인 투자자들에게 매우 매력적으로 보였습니다.

출시 초기에는 실제로 높은 분배금이 이어지며 열풍이 지속됐습니다. 그러나 시간이 지날수록 현실은 냉정했습니다. 테슬라 주가의 변동성이 워낙 큰 데다, 고배당 지급 이후 발생하는 배당락을 주가가 회복하지 못하면서 투자자들의 계좌는 빠르게 줄어들기 시작했습니다.

장기 보유자 입장에서 TSLY는 '배당금은 통장에 들어오지만, 계좌 전체 자산은 꾸준히 감소하는 ETF'로 변해갔습니다. 배당으로 잠시 만족하는 사이, 원금은 조금씩 잠식되고 손실은 누적되는 악순환이 반복된 것입니다.

TSLY 사례는 일드맥스 ETF 구조의 본질적인 한계를 분명하게 보여줍니다. 높은 배당금은 결국 원금을 갉아먹는 방식으로 만들어지고, 시간이 지날수록 총자산은 줄어들 수밖에 없습니다. 단기적인 현금흐름 측면에서는 매력적으로 보일 수 있지만, 장기 보유 관점에서는 근본적으로 불리한 구조라는 점입니다. 눈에 보이는 배당금만을 기준으로 접근한다면 실패할 가능성이 높다는 사실을 이 사례는 명확하게 말해주고 있습니다.

✓ 일드맥스 투자 활용법

고배당의 달콤함에는 분명 함정이 숨어 있습니다. 그렇다고 해서 일드맥스 ETF를 무조건 피해야 한다는 뜻은 아닙니다. 중요한 것은 '얼마나, 어떻게 활용하느냐'입니다. 전략적으로 접근한다면 일드맥스 ETF 역시 포트폴리오 안에서 분명한 역할을 수행할 수 있습니다.

일드맥스 ETF는 장기 보유에는 부적합하지만, 단기적으로는 높은 분배금을 통해 빠른 현금흐름을 만들 수 있는 도구입니다. 예를 들어 갑작스럽게 자금이 필요하거나, 일정 기간 생활비를 보완해야 하는 상황이라면 제한적으로 활용할 여지가 있습니다. 다만 이 경우에도 전체 자산의 5~10% 이내, 즉 '실험적 투자 자산' 수준으로 관리하는 것이 바람직합니다.

또 다른 활용법은 '빠른 원금 회수 전략'입니다. 예컨대 1,000만 원을 투자했다면, 몇 달간 지급되는 분배금을 통해 원금의 상당 부분을 먼저 회수하고, 이후 남은 금액을 일종의 보너스 자산처럼 운용하는 방식입니다. 이렇게 접근하면 원금 손실에 대한 심리적 부담을 크게 줄일 수 있고, 이후 발생하는 분배금은 말 그대로 덤에 가깝게 느껴집니다.

일드맥스 ETF는 대개 테슬라, 엔비디아, 코인베이스와 같은 특정 성장주에 연동되어 있습니다. 만약 해당 종목의 단기 모멘텀에 확신이 있다면, 개별 주식을 직접 매수하는 대신 일드맥스를 활용해 '고배당과 테마 노출'을 동시에 가져갈 수도 있습니다. 물론 위험은 여전히 존재하지만, 단기 테마 투자라는 관점에서는 흥미로운 선택지가 될 수 있습니다.

반면 은퇴자나 배당 생활자에게 가장 중요한 것은 안정적인 현금흐름과 자산 보존입니다. 이런 투자자에게 일드맥스를 포트폴리오의 중심에 두는 것은 적절하지 않습니다. 다만 JEPI, SCHD, VYM과 같은 안정적인 배당 ETF를 핵심으로 구성한 뒤, 일드맥스를 5% 이하로 소량 편입한다면 '포트폴리오의 양념' 정도로 활용할 수 있습니다. 안정적인 자산 위에 소량의 고수익 자산을 얹는 방식인 셈입니다.

일드맥스 ETF는 양날의 검과 같습니다. 무턱대고 장기 보유한다면 원금을 잃을 수 있지만, 단기적이고 제한적인 용도로 활용한다면 꽤 유용한 현금흐름 도구가 될 수 있습니다. 결국 중요한 것은 투자자의 목적과 비중 관리입니다. "고배당의 유혹을 즐기되, 그 대가를 감당할 수 있는 선에서만 활용하라." 이것이 일드

● **반드시 지켜야 할 원칙**

핵심 원칙	내용
비중 관리	총자산의 5~10% 이내로 제한하는 것이 바람직
원금 회수 원칙	배당으로 투자금의 상당 부분을 먼저 회수한 뒤, 나머지만 운용
장기 기대 금지	장기 복리·자본성장은 기대하지 말고 단기 현금흐름용으로만 활용
병행 투자 필수	일드맥스 단독 포트폴리오는 피하고, 안정 자산과 함께 운용

맥스를 대하는 가장 현명한 태도입니다.

배당은 절대 공짜가 아니다

우리는 앞서 연 100%라는 초고배당 ETF의 화려한 겉모습과 그 이면에 숨어 있는 구조적 함정을 살펴보았습니다. 단기간에는 높은 분배금을 주는 것처럼 보이지만, 실제로는 원금을 조금씩 잠식하는 구조였고, 그 결과 장기 보유자에게 배당은 많았지만 남는 것은 적은 상황으로 이어질 수 있다는 점을 확인했습니다. 이 사례를 통해 얻을 수 있는 가장 중요한 교훈은 단 하나입니다. 배당은 결코 공짜가 아니라는 사실입니다.

투자 세계에는 "공짜 점심은 없다"라는 말이 있습니다. ETF가 지급하는 배당 역시 예외가 아닙니다. 투자자가 받는 분배금은 시장 변동성, 원금 손실 위험 혹은 미래 성장 가능성의 일부를 포기한 대가일 수 있습니다. 숫자로 보이는 배당률 뒤에는 반드시 그에 상응하는 위험이 존재합니다.

배당 투자를 오래해 온 투자자라면 비슷한 경험을 한 번쯤은 해봤을 것입니다. 은행 예금 금리가 낮을 때, 연 10% 이상의 배당을 준다는 주식이나 ETF를 발견하면 마음이 흔들립니다. 그러나 몇 년이 지나 계좌를 열어보면, 기대와 달리 자산은 줄어 있고 실망만 남는 경우도 적지 않습니다. 반대로 당장의 배당률은 낮아 보여도, 안정적으로 성장해 온 ETF는 시간이 지날수록 원금과 배당이 함께 불어납니다.

이 차이는 어디에서 비롯될까요? 바로 ETF마다 서로 다른 운용 전략과 구조에서 비롯됩니다. SCHD는 배당 성장주 중심의 포트폴리오를 통해 배당률은 낮지만, 안정적인 성장과 배당 증가를 추구합니다. JEPI는 커버드콜 전략과 채권성 자산을 결합해 변동성을 낮추고 비교적 안정적인 현금흐름을 제공합니다. 반면 일드맥스 ETF는 옵션 매매를 극대화해 단기 분배금은 화려하지만, 원금 보존력은 취약한 구조를 가지고 있습니다. 즉, 어떤 ETF도 절대적으로 우월하지 않습니다. 각 상품은 저마다의 전략과 장단점을 지니고 있을 뿐입니다. 그래서 "최고의 ETF는 없다. 다만, 나에게 맞는 최적의 ETF만 있을 뿐이다"라는 말이 성립합니다.

투자자는 ETF를 고르기 전에 스스로 먼저 질문해야 합니다. 매달 생활비를 충당할 안정적인 현금흐름이 필요한가? 장기적으로 자산을 불려 은퇴 자금을 만들고 싶은가? 아니면 단기적인 시세차익을 노리고 있는가? 이 질문에 대한 답이 곧 ETF 선택의 기준이 됩니다. 은퇴 후 일정한 현금흐름이 필요한 투자자에게는 JEPI와 같은 커버드콜 ETF가 적합할 수 있습니다. 반대로 20~30대의 장기 투자자라면 SCHD처럼 성장과 배당을 함께 추구하는 ETF가 더 나은 선택이 될 수 있습니다.

중요한 것은 분배금의 크기 자체가 아니라, 그 분배금이 나의 투자 목적과 얼마나 잘 맞는가입니다. 배당률만 보고 ETF를 선택한다면, 달콤한 숫자 뒤에 숨은 대가를 치를 가능성이 큽니다. 반대로 구조와 전략을 이해하고 자신의 투자 성향에 맞게 선택한다면, 배당은 자산을 지켜주는 든든한 동반자가 될 수 있습니다.

마지막으로 독자 여러분께 다시 한 번 강조하고 싶습니다. 배당은 결코 공짜가 아닙니다. ETF가 지급하는 모든 분배금에는 그만한 전략적 선택과 위험 부담이 뒤따릅니다. 투자자는 숫자에 현혹되기보다, 주가와 배당, 환율과 세금을 모두 고려한 총수익의 관점에서 판단해야 합니다.

ETF는 단순한 배당 기계가 아니라, 각기 다른 철학과 전략을 담고 있는 금융 상품입니다. 그렇기에 "이 ETF가 최고다"라는 답을 찾기보다, "나의 투자 목표에 가장 잘 맞는 ETF는 무엇인가"를 고민하는 것이 중요합니다. 그것이야말로 진정한 의미의 '최고의 ETF'일 것입니다.

4장

35세, 1억 원으로 배당 ETF 투자 시작하기

투자하기 딱 좋은 나이, 35세

35세는 인생의 분수령입니다. 대학을 졸업하고 사회생활을 시작한 지 10년 정도 된 시점으로, 어느 정도 경력을 쌓아 안정적인 직장에 자리 잡았거나, 창업이나 이직을 통해 커리어를 확장하고 있을 가능성이 큽니다. 동시에 결혼, 주택 마련, 자녀 계획처럼 인생에서 가장 큰 재무적 의사결정이 한꺼번에 몰려오는 시기이기도 합니다.

이 시점에 가장 많이 듣는 질문은 "지금이라도 투자를 시작해야 할까요?"입니다. 이미 늦은 것은 아닐지 혹시 잘못된 선택으로 돈을 잃게 되지는 않을지에 대한 불안이 함께 따라옵니다. 그러나 재테크의 관점에서 본다면, 35세는 오히려 투자 습관을 평생 자산으로 바꿀 수 있는 마지막 골든타임에 가깝습니다. 단순히 자산 규모를 키우는 것이 아니라, 안정적인 현금흐름 구조를 일찍 만들어 두느냐가 이후 인생의 재무적 안정성을 크게 좌우하기 때문입니다. 바로 이 지점에서 배당 ETF는 강력한 도구가 됩니다.

많은 사람이 주식 투자를 '싸게 사서 비싸게 파는 게임'으로 인식합니다. 즉, 주가 상승에 따른 자본차익에 집중하는 방식입니다. 물론 성장주에 투자해 큰 수익을 거두는 사례도 존재합니다. 하지만 시장의 타이밍을 정확히 맞추는 일은 생각보다 훨씬 어렵고, 장기적으로 일관되게 성공하기도 쉽지 않습니다.

반면 배당 투자는 접근 방식이 다릅니다. 배당은 기업이 실제로 벌어들인 이익을 주주에게 현금으로 나누어 주는 것입니다. 즉, 주가의 등락과는 별개로 눈에 보이는 현금흐름이 정기적으로 발생합니다. 배당 ETF에 투자한다는 것은 단순히 가격 변동에 베팅하는 것이 아니라, 내 자산을 현금흐름으로 전환하는 시스템을 구축하는 일에 가깝습니다. 이 시스템이 자리 잡으면 주가 변동에 대한 심리적 흔들림도 자연스럽게 줄어듭니다. 매달 또는 매 분기마다 들어오는 배당금으로 생활비의 일부를 충당하거나 재투자하면서, 자산은 느리지만 단단하게 쌓여갑니다.

복리의 힘은 이러한 구조에서 극대화됩니다. 흔히 '72의 법칙'으로 알려진 복리 효과는 재투자가 반복될수록 가속됩니다. 배당 ETF는 이 재투자 구조를 비교적 자연스럽게 만들어 줍니다. 예를 들어 1억 원을 연 7% 수준의 배당 ETF에 투자한다고 가정해 보겠습니다. 연간 약 700만 원의 배당금이 발생합니다. 이 배당금을 소비하지 않고 다시 투자에 활용한다면, 10년 후 자산은 단순히 원금과 누적 배당금을 더한 수준을 넘어 복리 효과로 2억 원 이상으로 늘어날 수 있습니다.

무엇보다 중요한 점은 이 과정에서 투자자가 실제로 '현금이 들어오는 경험'을 반복적으로 하게 된다는 사실입니다. 이는 단순히 계좌 평가금액이 늘어나는 것보다 훨씬 강한 심리적 안정감을 제공합니다. 주가 하락기에 흔히 겪는 불안과 조급함을 완화해주는 역할도 합니다.

그렇다면 왜 지금 1억 원으로 시작해야 할까요? 많은 분들이 "조금 더 모은 다음에 시작하겠다"는 이유로 투자를 미룹니다. 그러나 자산 운용에서 가장 중요한 요소는 금액보다 시간입니다. 35세부터 20년, 30년을 운용할 수 있다면 지금의 1억 원은 단순한 종잣돈이 아니라, 은퇴 이후의 현금흐름을 책임질 씨앗이 됩니다. 반대로 40대 후반이나 50대에 시작하게 되면 같은 결과를 얻기 위해 더 많은 원금과 더 높은 위험을 감수해야 합니다.

1억 원은 단순한 숫자가 아닙니다. 배당을 통해 인생의 현금흐름 구조를 바꾸는 첫 단추입니다. 그래서 중요한 것은 완벽한 타이밍이 아니라, 지금 시작하는 결정입니다.

종잣돈 1,000만 원으로 배당 투자 경험하기

1억 원을 만들기 전에 많은 분들이 가장 크게 넘어지는 지점이 있습니다. 바로 '돈이 충분히 모이면 시작하겠다'는 생각입니다. 하지만 투자에서 가장 비싼 비용은 수수료가 아니라, 늦게 시작한 시간입니다. 특히 배당 투자는 더욱 그렇습니다. 배당 투자는 단순히 수익률을 높이는 게임이 아니라, 내 돈이 현금흐름으로 바뀌는 과정을 몸으로 익히는 훈련이기 때문입니다. 그래서 저는 35세에 배당 ETF를 시작하려는 분들께, 1억 원을 만들기 전 1,000만 원으로 먼저 배당 투자 경험을 쌓아보기를 권합니다.

1,000만 원은 결코 작은 돈이 아닙니다. 생활을 흔들지 않으면서도 충분히 진지하게 투자 습관을 만들 수 있는 금액이고, 무엇보다 배당이 실제로 내 통장에 들어오는 경험을 만들기에 가장 현실적인 단위입니다. 1억 원은 어느 날 갑자기 만들어지는 결과가 아니라, 1,000만 원을 운용하며 쌓은 경험과 원칙이 확대된 결론에 가깝습니다.

이 구간에서의 목적은 '한 방'이 아닙니다. 내가 감정에 휘둘리지 않고 투자 시스템을 운영할 수 있는 사람인지를 확인하는 과정입니다. 그래서 이 단계에서는 수익률보다 더 중요한 것이 있습니다. 바로 경험의 질입니다. 배당일을 기다려본 적이 있는지, 배당이 들어왔을 때 어떤 감정을 느끼는지, 주가가 흔들릴 때도 계획대로 추가 매수를 할 수 있는지, 환율 변동 앞에서 과도하게 불안해지지 않는지, ETF 분배금이 예상보다 적게 들어왔을 때 그 이유를 스스로 찾아보려는 태도를 갖고 있는지. 이런 경험 하나하나가 1억 원을 운용할 때의 성패를 가르는 실전 근육이 됩니다.

1,000만 원으로 배당 투자를 시작할 때 가장 좋은 방식은 '작은 엔진을 먼저 켜는 것'입니다. 한 번에 전액을 투자하기보다 3~6개월에 걸쳐 분할로 진입하고, 배당이 들어오면 그 배당금을 같은 ETF에 재투자하거나 성장형 지수 ETF와 배당형 ETF를 함께 구성해 심리적 안정과 자산 성장을 동시에 설계해보는 방식입니다. 이때 복잡한 전략이 아니라, 단순한 규칙을 정해 반복해야 합니다. 그래야 자금 규모가 커졌을 때도 같은 방식으로 흔들림 없이 운용할 수 있습니다.

이 과정에서 꼭 한 번 시도해보시기를 권하고 싶은 것이 배당 도전 프로젝트입니다. 배당을 단순히 통장에 쌓아두는 것이 아니라, 현실의 작은 목표와 연결해보는 것입니다. 예를 들어 가전제품 렌탈료를 배당으로 내는 도전은 매우 현실적인 프로젝트가 됩니다. 냉장고나 정수기, 안마의자, 공기청정기처럼 매달 고정적으로 나가는 렌탈료는 대부분 월급에서 자동으로 빠져나가는 비용으로 인식됩니다. 이 관점을 바꿔 '이 렌탈료를 월급이 아니라 배당으로 내자'라고 생각해보는 것입니다.

이 프로젝트의 효과는 생각보다 큽니다. 배당 투자가 갑자기 현실의 생활비와 연결되면서 투자 목적이 분명해지고, 배당이 들어오는 날은 단순한 이벤트가 아니라 고정비를 대체하는 현금흐름의 날이 됩니다. 배당이 부족하면 내가 투자금을 얼마나 더 늘려야 하는지도 숫자로 보이기 시작하고, 주가가 흔들릴 때도 현금흐름이 있다는 사실이 심리적 버팀목이 됩니다. 결국 투자는 돈의 문제가 아니라 삶의 구조를 바꾸는 일이라는 점을 체감하게 됩니다.

예를 들어 렌탈료가 월 5만 원이라면, 월 5만 원의 현금흐름을 만들기 위해 필요한 투자금은 얼마인지 자연스럽게 계산해보게 됩니다. 배당률을 연 6%로 가정하면 연 60만 원의 현금흐름이 필요하고, 이를 만들기 위해서는 약 1,000만 원의 투자금이 필요합니다. 이 단순한 계산만으로도 많은 분들이 '1,000만 원이 단지 모아둔 돈이 아니라, 매달 하나의 고정비를 지워주는 돈이구나'라는 감각을 얻게 됩니다. 그리고 바로 이 감각이 1억 원을 만드는 힘이 됩니다. 1억 원은 결국 1,000만 원짜리 엔진을 열 개로 늘리는 과정이기 때문입니다.

이 도전은 렌탈료에만 국한되지 않습니다. 통신비, 구독 서비스 비용, 자동차 보험료, 가족 외식비, 아이 학원비처럼 반복적으로 나가는 지출 중 하나를 정해 배당으로 충당해도 좋습니다. 중요한 것은 목표 금액이 아니라, 반복 가능한 경험입니다. 배당이 들어오면 기록하고, 그 배당으로 무엇을 충당했는지 적고, 부족했다면 이유를 분석하고, 다음 달의 행동을 정하는 이 과정 자체가 투자 실력을 키워줍니다. 이 경험이 쌓이면 1억 원을 운용할 때는 이미 투자자가 아니라 자산 운영자의 시선으로 시장을 바라보게 됩니다.

또 하나 반드시 익혀야 할 습관은 배당금 재투자입니다. 배당은 받는 순간 끝나는 것이 아니라, 받는 순간부터 시작입니다. 배당금을 소비해버리면 당장의 기분은 좋아질 수 있지만, 미래의 현금흐름 엔진은 커지지 않습니다. 반대로 배당금을 재투자하면 아주 작은 금액이라도 엔진의 출력은 분명히 늘어납니다. 이때 중요한 것은 완벽한 타이밍이 아니라 규칙성입니다. 배당이 들어오는 날이나 매달 특정 날짜에 자동으로 재투자하는 규칙을 만들면, 투자는 의지가 아니라 습관이 됩니다.

물론 이 과정에서 흔들림도 겪게 됩니다. 처음 하락장을 만나면 누구나 불안해지고, 뉴스 한 줄에 마음이 움직이며, 분배금이 줄어든 것처럼 느껴질 때 불만이 생기기도 합니다. 그러나 이런 감정은 반드시 작은 금액일 때 한 번은 지나가야 합니다. 1,000만 원에서 경험한 불안은 1억 원에서의 큰 실수를 막아줍니다. 그래서 이 구간은 손실을 감수하는 단계가 아니라, 가장 저렴한 비용으로 투자 수업을 받는 단계라고 할 수 있습니다. 감정과 시장을 미리 경험하라는 의미입니다.

결국 1,000만 원 배당 투자의 의미는 수익률이 아니라 경험입니다. 배당이 들어오는 경험, 배당으로 고정비를 대체해보는 도전, 하락장에서 계획을 지키는 훈련, 환율과 분배금 변화를 관찰하는 습관 그리고 배당금을 재투자해 엔진을 키우는 루틴. 이 작은 성공 경험들이 쌓이면, 1억 원은 막연한 목표가 아니라 확장 가능한 시스템이 됩니다. 1,000만 원은 1억 원을 위한 예행연습이 아니라, 1억 원을 만드는 설계도이자 첫 시동입니다.

35세까지 종잣돈 1억 원 만들기

35세까지 종잣돈 1억 원을 만드는 핵심은 큰돈을 한 번에 버는 기적이 아니라, 돈이 새는 구멍을 막고 쌓이는 루틴을 자동화하며 소득을 단계적으로 키우는 구조를 5년에서 10년 동안 흔들림 없이 지속하는 데 있습니다. 특히 35세는 월급이 어느 정도 안정되고 커리어에 속도가 붙기 시작하는 시점이기 때문에, 이 시기에 1억을 만드는 과정은 단순한 저축이 아니라 재무 습관을 시스템으로 바꾸는 작업에 가깝습니다.

출발점은 언제나 같습니다. 지금의 재무 상태를 감각이 아니라 숫자로 확정하는 것입니다. 많은 분들이 '대충 이 정도 모았겠지'라는 느낌으로 살다가, 어느 순간 돈이 어디로 흘러갔는지조차 모르게 됩니다. 감각으로 관리하면 돈은 감정처럼 새어 나가 버립니다. 따라서 가장 먼저 순자산, 월 순현금흐름, 고정비 이 세 가지를 한 장으로 정리해야 합니다. 이 한 장이 만들어지는 순간부터 종잣돈은 의지의 문제가 아니라 설계의 문제가 됩니다.

종잣돈을 만드는 공식은 생각보다 단순합니다. 월 저축·투자액에 시간을 곱하고, 수익률은 보너스로 얹는 구조입니다. 많은 분들이 수익률부터 고민하지만, 1억의 대부분은 특히 초반 구간에서 수익률이 아니라 저축률에서 만들어집니다. 예를 들어 월 120만 원을 7년간 꾸준히 모으면 원금만으로도 1억 원을 넘기게 됩니다. 반대로 월 80만 원이라면 시간이 더 필요하고, 월 150만 원이라면 훨씬 수월해집니다. 결국 "나는 매달 얼마를 꾸준히 넣을 수 있는 사람인가"가 1억에 도착하는 시간을 결정합니다.

그렇다면 이 월 투자 가능 금액은 어디에서 만들어질까요? 여기서 중요한 것은 지출 다이어트가 아니라 고정비 구조조정입니다. 사람은 결심으로는 오래가지 못하지만, 시스템으로는 오래갑니다. 주거비, 차량비, 통신비, 보험료, 구독 서비스, 카드 할부, 대출이자 같은 항목은 한 번만 손보면 매달 자동으로 돈이 남는 구조를 만들어줍니다. 특히 30대는 주거와 차량에서 승부가 갈립니다. 감가상각이 큰 자산에 과하게 돈을 쓰면 1억은 멀어지고, 이 두 가지를 합리화하면 같은 소득에서도 종잣돈의 속도는 완전히 달라집니다.

다음은 통장 구조입니다. 월급이 들어오면 생활비 통장, 고정비 통장, 비상금 통장, 투자 통장으로 나누고 자동이체를 설정해야 합니다. 월급이 들어오자마자 투자금이 빠져나가고, 남은 돈 안에서 생활을 설계하는 구조가 만들어지는 순간부터 돈이 쌓이기 시작합니다.

비상금도 반드시 필요합니다. 1억을 만들겠다는 분들의 가장 큰 적은 투자 실패가 아니라 예상치 못한 인생 이벤트입니다. 실직, 이직 공백, 의료비, 경조사 같은 변수 앞에서 비상금이 없으면 투자 자산을 깨게 되고, 그 순간 복리의 시간은 리셋됩니다. 그래서 종잣돈을 만드는 과정에서는 최소 3~6개월치 생활비에 해당하는 비상금을 먼저 확보해야 합니다. 비상금은 수익을 내는 돈이 아니라, 자산을 지켜주는 안전벨트입니다.

이제 소득 이야기로 넘어가 보겠습니다. 35세까지 1억을 만든 분들의 공통점은 지출을 줄였다는 점보다, 소득을 최소 한 번 이상 끌어올렸다는 점에 있습니다. 절약에는 한계가 있지만 소득에는 상대적으로 여지가 있기 때문입니다. 이직, 직무 전환, 승진, 사이드 프로젝트, 작은 부업 등으로 월 소득을 30만 원만 늘려도 몇 년 후에는 수천만 원의 차이를 만들어냅니다. 중요한 것은 큰 한 방이 아니라, 반복 가능한 작은 추가 현금흐름입니다.

투자 측면에서도 1억을 만들기 전까지는 복잡한 전략보다 원칙이 우선입니다. 이 시기에 레버리지나 단기매매, 테마 몰빵은 기회가 아니라 사고가 되기 쉽습니다. 매달 정액으로 분할 매수하고, 상품 수를 늘리지 않으며, 장기적으로 우상향할 가능성이 높은 자산을 중심으로 가져가고, 하락장이 와도 멈추지 않을 수 있는 범위에서만 투자하는 단순한 원칙이 가장 강력합니다. 투자에서 가장 중요한 능력은 예측이 아니라 지속이기 때문입니다.

많은 분들이 1억을 만들기 전에는 배당 ETF가 의미가 없지 않느냐고 묻습니다. 그러나 배당 ETF의 진짜 가치는 수익률이 아니라 현금흐름을 경험하게 해준다는 데 있습니다. 적은 금액이라도 배당이 들어오기 시작하면 투자에 대한 태도가 달라지고, 평가액의 등락에 대한 감정 소모도 줄어듭니다. 성장형 ETF와 배당형 ETF를 함께 가져가는 구조는 심리 안정과 자산 성장을 동시에 설계하는 데 도움이 됩니다.

여기에 하나 덧붙이고 싶은 방법이 있습니다. 월급의 일부를 매달 달러로 환전해 외화 RP(환매조건부채권)나 미국 초단기 국채 같은 달러 기반 현금성 자산에 운용하는 방식입니다. 이는 주가를 맞히는 전략이 아니라, 시간을 내 편으로 만드는 저변 자산을 쌓는 전략입니다. 금리 차와 환율 변동에 따라 완충 역할을 해주고, 무엇보다 곧바로 투자에 투입할 수 있는 준비된 시드머니가 됩니다. 다만 이 전략 역시 확정 수익으로 받아들이기보다는, 투자 시스템의 안정성을 높여주는 보조 엔진으로 이해하는 편이 좋습니다.

이렇게 종잣돈을 모으는 기간은 단순히 돈을 쌓는 시간이 아니라, 시장과 나 자신을 동시에 학습하는 시간입니다. 금리와 환율, ETF 구조를 이해하고, 삶의 큰 변화 앞에서도 흔들리지 않을 완충 장치를 마련하는 과정이기도 합니다.

정리하면 35세까지 종잣돈 1억을 만드는 사람은 특별한 재능이 있는 사람이 아니라, 고정비를 구조조정하고 통장을 분리해 시스템을 만들며 비상금으로 변수에 대비하고 소득을 한 번 이상 끌어올린 뒤 단순한 투자 원칙을 끝까지 지키는 사람입니다. 이렇게 만들어진 1억은 숫자가 아니라, 다음 장에서 이야기할 배당 ETF 현금흐름 엔진을 가동시키는 첫 연료입니다. 35세의 1억은 목표가 아니라 시작점이며, 이 시점에 시스템을 갖춘 사람은 이후의 인생에서 속도와 선택지가 완전히 달라집니다.

35세, 1억 원으로 시작해
40세에 2억 원 만들기

많은 사람이 "부자가 되고 싶다" "은퇴하고 싶다"고 말합니다. 그러나 숫자 없는 목표는 쉽게 힘을 잃습니다. 막연한 바람은 오래가지 못하고, 구체적인 숫자만이 행동을 만들기 때문입니다. 이책에서는 하나의 현실적인 목표를 설정합니다. 35세에 1억 원으로 배당 ETF 투자를 시작해, 40세에 2억 원을 만드는 것입니다.

왜 목표를 2억 원으로 잡았을까요? 첫째, 원금을 두 배로 만든다는 명확한 상징성이 있습니다. 자산이 '늘어났다'는 감각을 넘어, 시스템이 제대로 작동하고 있다는 확신을 주는 숫자이기 때문입니다. 둘째, 5년이라는 시간 안에 연평균 12~15% 수준의 복리 성장을 달성한다면 현실적으로 도전 가능한 범위이기 때문입니다. 셋째, 2억 원은 단순한 계좌 잔고가 아니라, 이후 실제 현금흐름을 만들어내기 시작하는 의미 있는 자산 규모이기 때문입니다.

그렇다면 1억 원을 어떻게 5년 안에 2억 원으로 만들 수 있을까요? 여기에는 두 가지 핵심 전략이 필요합니다. 첫 번째는 안정적인 배당률을 확보하는 것입니다. JEPI, JEPQ, GPIQ, QQQI와 같은 커버드콜 ETF를 활용하면 연 10% 내외의 분배금을 비교적 안정적으로 받을 수 있습니다. 두 번째는 재투자를 통한 복리 효과입니다. 매달 들어오는 분배금을 소비하지 않고 ETF에 재투자함으로써, 자산이 스스로 불어나는 구조를 만드는 것입니다. 이 단계에서 가장 중요한 원칙은 단순합니다. 배당금을 쓰지 말고, 다시 배당 ETF를 사는 것입니다.

이를 조금 더 직관적으로 이해하기 위해 1억 원 투자 시뮬레이션을 살펴보겠습니다. 연 12% 수준의 배당 수익률을 가정하고, 발생한 배당금을 전액 재투자하는 경우입니다. 첫해에는 약 1,200만 원의 배당금이 발생해 자산은 1억 1,200만 원이 됩니다. 둘째 해에는 약 1,344만 원의 배당이 더해져 1억 2,544만 원, 셋째 해에는 1억 4,049만 원, 넷째 해에는 1억 5,735만 원, 다섯째 해에는 약 1억 7,600만 원 수준까지 증가합니다. 즉, 추가 납입 없이도 5년 동안 재투자만으로 자산이 상당 부분 불어나는 구조를 만들 수 있습니다. 여기에 매년 일정 금액을 추가로 적립하거나, 일부 구간에서 배당률이 더 높은 상품을 병행한다면 2억 원에 도달하는 것도 충분히 현실적인 시나리오가 됩니다.

이 지점에서 꼭 함께 이해해야 할 개념이 하나 있습니다. 바로 '72의 법칙'입니다. 이는 자산이 두 배가 되는 데 걸리는 시간을 간단히 계산하는 공식으로, 72를 연 수익률로 나누면 대략적인 소요 기간을 알 수 있습니다. 예를 들어 연 12% 수익률이라면 72를 12로 나눈 6년 정도가 자산이 두 배가 되는 데 걸리는 시간입니다. 이 법칙은 정확한 예측 도구라기보다, 복리와 재투자가 가진 힘을 직관적으로 보여주는 기준점으로 이해하면 됩니다.

이 계산을 그대로 적용하면, 35세에 1억 원으로 투자를 시작했을 때 40대 초반에는 2억 원, 40대 후반에는 4억 원에 근접한 자산 규모를 기대해볼 수 있습니다. 물론 실제 투자에서는 시장 상황, 세금, 건강보험료, 환율 등 다양한 변수가 작용하기 때문에 숫자는 달라질 수 있습니다. 그럼에도 72의 법칙이 주는 메시지는 분명합니다. 꾸준한 수익률과 재투자가 결합될 때 자산은 생각보다 빠르게 성장한다는 점입니다.

연 12%라는 수익률 자체가 중요한 것이 아닙니다. 중요한 것은 배당을 소비하지 않고 재투자하는 구조를 유지할 수 있느냐입니다. 이 구조가 유지된다면 5년 뒤 1억 7,000만 원에서 1억 8,000만 원 수준은 충분히 도달 가능한 범위이며, 여기에 추가 적립이나 자산 배분의 미세 조정이 더해지면 2억 원이라는 목표도 가시권에 들어옵니다.

40세에 2억 원을 달성했다면, 그다음부터는 선택지가 달라집니다. 계속해서 배당 재투자를 이어가며 50세에 4억 원 이상을 노릴 수도 있고, 일부 자산을 생활비로 활용하며 부분 은퇴, 이른바 세미 은퇴를 시작할 수도 있습니다. 중요한 점은 이 시점의 2억 원이 단순한 자산 규모가 아니라 '현금흐름 자산'이라는 사실입니다. 예를 들어 2억 원을 연 10% 수준의 배당 ETF에 운용한다면, 연간 약 2,000만 원의 현금흐름이 발생합니다. 이는 매달 160만 원 안팎의 돈이 자동으로 들어오는 시스템을 갖춘다는 의미입니다. 이 단계에 이르면 삶의 중심이 달라집니다. 돈을 벌기 위해 모든 선택을 맞추는 삶에서, 돈이 나를 위해 일하게 만드는 삶으로 이동하게 됩니다. 이 책이 말하고 싶은 목표는 바로 그 지점입니다.

계산이 선택으로 바뀌는 순간

많은 사람이 배당 ETF에 관심을 두는 이유는 분명합니다. 주가의 등락과 상관없이, 매달 혹은 정기적으로 현금이 들어오는 구조를 만들 수 있기 때문입니다. 특히 은퇴 이후나 장기적인 자산 계획을 생각한다면, '얼마나 오를까'보다 '얼마나 안정적으로 들어올까'가 더 중요해지는 시점이 오게 됩니다. 하지만 배당 ETF 투자를 이야기하다 보면, 곧바로 한 가지 질문에 부딪히게 됩니다.

"배당금은 써야 할까요, 아니면 다시 투자해야 할까요?" 이 선택에 따라 결과는 완전히 달라집니다. 배당금을 생활비로 사용하면 당장의 만족감은 얻을 수 있지만, 자산의 크기는 크게 변하지 않습니다. 반대로 배당금을 다시 투자에 활용하면, 자산은 시간이 지날수록 눈에 띄게 성장하기 시작합니다. 이 차이를 가장 직관적으로 보여주는 개념이 바로 '복리'입니다.

복리는 원금에서 나온 수익이 다시 원금에 합쳐져, 다음 수익의 기반이 되는 구조입니다. 처음에는 변화가 거의 느껴지지 않지만, 시간이 흐를수록 자산의 증가 속도는 점점 빨라집니다. 이 원리를 실제 삶에 적용한 사례를 살펴보겠습니다.

김과장은 올해 35세입니다. 서울의 한 중견기업에서 근무한 지 10년 차, 연봉은 세전 7,000만 원 수준입니다. 맞벌이를 하고 있어 가계는 비교적 안정적인 편이며, 아직 아이가 없어 월 생활비는 약 400만 원 정도입니다. 저축과 투자로 모아둔 자산은 약 1억 원입니다. 하지만 그는 늘 고민하고 있습니다. "이 돈을 어디에 두어야 불안하지 않으면서도 의미 있게 불릴 수 있을까?"

주변에서는 여전히 성장주나 단기 투자 이야기가 오갔지만, 김 과장은 더 이상 큰 변동성을 감당하고 싶지 않았습니다. 그러던 중 유튜브와 책을 통해 배당 ETF를 접하게 됩니다. '주가가 오르지 않아도, 매달 현금이 들어온다'는 구조는 그의 생각을 완전히 바꾸어 놓았습니다.

그는 단순한 계산을 해보았습니다. 1억 원을 연 12% 수준의 배당 ETF에 투자한다면, 연간 약 1,200만 원, 월로 환산하면 약 100만 원의 현금흐름이 만들어집니다. '월급 외에 매달 100만 원이 자동으로 들어온다면, 삶의 선택지가 완전히 달라지지 않을까?'라는 생각이 들었습니다.

김과장은 나스닥 기반의 커버드콜 ETF를 중심으로 첫 포트폴리오를 구성했습니다. JEPQ 4,000만 원, GPIQ 3,000만 원, QQQI 3,000만 원. 그리고 한 가지 원칙을 세웠습니다. 배당금은 절대 소비하지 않고, 전액을 나스닥100을 추종하는 성장 ETF인 QQQM에 재투자하기로 한 것입니다.

이 구조에서 역할은 명확했습니다. 커버드콜 ETF는 매달 현금흐름을 만들어주는 '연료 공급원'이고, QQQM은 그 연료를 태워 자산을 키우는 '성장 엔진'이었습니다. 김과장은 세 가지 원칙을 지켰습니다. 배당금은 절대 소비하지 않는다. 주가 하락에 흔들리지 않는다. 매년 1,000만 원씩 추가로 적립한다.

그 결과, 35세에 시작한 1억 원은 40세가 되었을 때 약 2억 원에 가까운 자산으로 성장했습니다. 계좌에는 매달 150만 원이 넘는 배당금이 들어왔고, 연간 현금흐름은 2,000만 원을 넘어섰습니다. 단순히 배당을 받는 계좌가 아니라, 스스로 성장하는 구조를 만든 것입니다.

김과장의 사례가 특별해서가 아닙니다. 그는 단지 배당금을 소비하지 않고, 다시 투자하는 선택을 했을 뿐입니다. 그 평범한 선택이 쌓여, 자산은 눈덩이처럼 커지기 시작했습니다. 복리의 마법은 어느 날 갑자기 나타나는 것이 아니라, 이렇게 반복되는 작은 결정 속에서 만들어집니다.

월 10만 원으로 시작하는 배당금 투자 챌린지

지금 당장 '월 10만 원 배당금 챌린지'를 시작해 보면 어떨까요? 1년 뒤 여러분의 계좌에는 단순한 숫자가 아니라, 매달 스스로 돈을 벌어오는 작은 현금흐름이 쌓이기 시작합니다. 처음에는 스타벅스 아메리카노 한 잔 값에 불과할지 모릅니다. 그러나 그 한 잔이 두 잔이 되고, 세 잔이 되고, 결국에는 매일 한 잔을 마실 수 있는 수준으로 자라난다면 이야기는 달라집니다. 왜 하필 10만 원일까요? 10만 원은 생활을 무너뜨리지 않으면서도 "나는 배당 투자자다"라는 정체성을 만들기에 충분한 금액이기 때문입니다.

투자에서 가장 무서운 것은 돈이 적은 것이 아니라 중단하는 것입니다. 포기하고 시장을 떠나는 것입니다. 10만 원은 부담이 과하지 않아 꾸준히 이어갈 확률을 높여줍니다.

처음에는 복잡한 분석보다 '지속성'에 집중해야 합니다. 1년 동안 매달 빠짐없이 투자할 수 있는 구조를 만드는 것이 핵심입니다. 국내 주식이라면 월배당 ETF나 리츠 혹은 맥쿼리인프라나 신한지주 같은 배당 종목으로 시작할 수 있습니다. 미국 주식이라면 비교적 소액으로 접근 가능한 배당 ETF인 SCHD나 리얼티인컴 같은 종목이 대안이 될 수 있습니다. 중요한 것은 종목 선택보다도 매달 정해진 날짜에 기계적으로 매수하는 습관입니다. 가격이 오르든 내리든 상관하지 않고 10만 원어치를 꾸준히 사는 것, 이것이 코스트 에버리징 전략입니다. 시장을 예측하려는 순간 감정이 개입되고, 감정이 개입되는 순간 지속성은 흔들립니다.

배당금이 들어오기 시작하면 절대 소비하지 말고 다시 투자해야 합니다. 몇백 원, 몇천 원이라도 재투자를 통해 '배당이 배당을 낳는 구조'를 만드는 것이 핵심입니다. 처음 3개월은 단순하게 운영해도 충분합니다. 같은 ETF를 매수하고, 배당금은 일단 모아둡니다. 금액이 작기 때문에 당장 재투자해도 체감이 크지 않기 때문입니다. 대신 배당이 실제로 들어오는 계좌를 만드는 경험에 집중합니다. 4개월 차부터는 배당금이 조금씩 쌓이기 시작합니다. 이때부터는 3만 원, 5만 원처럼 의미 있는 단위가 되었을 때 한 번에 재투자하면 됩니다. 거래도 단순해지고 성취감도 커집니다. 6개월이 지나면 원금은 60만 원, 120만 원 수준에 불과하지만, 배당이 들어오고 그 배당이 다시 주식을 사는 경험이 반복되면서 '내가 만들고 있는 구조'가 눈에 보이기 시작합니다. 이 체감이 생기는 순간, 투자자는 쉽게 흔들리지 않습니다.

예를 들어 DIVO 같은 ETF를 매월 첫 영업일에 2주씩 매수한다고 가정해 보겠습니다. 주가가 40달러 안팎이라면 환율에 따라 월 투자금은 약 11만~12만 원 수준입니다. 월말에 배당이 지급되므로 월초에 매수하면 그달 배당을 받을 수 있습니다. 처음에는 월 500원 남짓한 배당이 들어옵니다. 작아 보이지만 이것이 출발점입니다. 이후 주가와 환율에 흔들리지 않고 같은 원칙으로 매수합니다. 1년이 지나면 보유 수량은 24주가 되고, 월 배당금은 약 1만 원 수준으로 늘어납니다. 처음에는 동전 하나였던 배당이 1년 뒤에는 지폐 한 장으로 바뀌는 것입니다. 금액의 크기보다 중요한 것은 '증가하는 흐름'을 직접 확인하는 경험입니다.

월 10만 원씩 1년간 투자하면 원금은 120만 원이 됩니다. 배당 수익률을 5%로 가정하면 매달 커피 한 잔 값의 현금흐름이 만들어집니다. 작아 보일 수 있습니다. 그러나 이 구조가 100만 원, 1,000만 원 단위로 확장되는 순간 체감은 완전히 달라집니다. 투자자는 이론으로 성장하지 않습니다. 직접 매수하고, 배당을 받고, 재투자하며 자산이 자라는 과정을 경험할 때 비로소 단단해집니다. 월 10만 원 배당 챌린지는 그 첫걸음을 내딛는 가장 현실적인 방법입니다.

월 100만 원으로 시작하는 배당금 재투자 챌린지

성공적인 배당 투자의 핵심은 안정적인 현금흐름에 성장성과 방어력을 더하는 것입니다. 이를 위해 설계한 복리 구조 포트폴리오를 소개합니다.

포트폴리오의 중심은 SCHD입니다. 비중 30%, 월 30만 원을 투자합니다. 고배당과 배당 성장을 동시에 추구하는 우량주 중심 전략입니다. 다음은 현금흐름의 축인 JEPI와 JEPQ로, 각각 25%와 20%를 배분합니다. 월배당을 통해 변동성을 완화하면서 나스닥의 성장 동력까지 일부 가져가는 구조입니다. 여기에 시장 지수를 추종하는 VOO를 15% 담아 S&P500의 장기우상향 흐름을 확보하고, 마지막으로 금리 하락기에 대비한 TLT를 10% 편입해 포트폴리오의 균형을 맞췄습니다.

물론 이 구성은 하나의 예시일 뿐입니다. SCHD 대신 DGRO나 DIVO를 선택할 수 있고, JEPI·JEPQ 대신 GPIX, GPIQ, SPYI, QQQI, IQQQ 등으로 대체할 수도 있습니다. VOO는 SPYG, SPLG, QQQ 등으로, TLT는 TLTW나 단기 채권형 ETF로 조정할 수 있습니다. ETF와 비중은 각자의 투자 성향과 목표에 따라 달라질 수 있습니다.

그렇다면 이 구조로 5년 동안 매월 100만 원씩 투자한다면 결과는 어떨까요? 총 60개월간 투자 원금은 6,000만 원입니다. 최근 5년 데이터를 바탕으로 보수적으로 연평균 5~11% 수익률을

• **5년 후 투자 시뮬레이션**

계좌 ETF	총 투자액	연평균 수익률	추정 평가액	수익	5년 후 연간 배당금
SCHD	1,800만 원	약 9%	2,800만 원	1,000만 원	150만 원
JEPI	1,500만 원	약 9%	2,500만 원	1,000만 원	200만 원
JEPQ	1,200만 원	약 11%	2,300만 원	1,100만 원	200만 원
VOO	900만 원	약 11%	1,600만 원	700만 원	100만 원
TLT	600만 원	약 5%	800만 원	200만 원	50만 원
합계	6,000만 원		약 1억 원	4,000만 원	700만 원

가정해 시뮬레이션한 결과, 5년 후 예상 평가액은 약 1억 원 수준
으로 추정됩니다. 원금 대비 약 4,000만 원의 자본 성장이 발생하
는 셈입니다.

더 주목할 부분은 배당금입니다. 5년 후 연간 예상 배당금은
약 700만 원 수준으로 추정됩니다. 이를 월평균으로 환산하면 약
60만 원의 현금흐름이 추가로 발생하는 구조입니다. 처음에는 매
월 100만 원의 적립이었지만, 5년 뒤에는 1억 원 이상의 자산과
매달 60만 원에 가까운 현금흐름으로 전환됩니다.

이 포트폴리오는 정답이 아니라 하나의 가이드입니다. 중요한
것은 지금 실행하고, 배당금을 재투자하며 복리의 구조를 만들어
가는 것입니다. 작은 적립이 시간이 지나면 큰 배당으로 돌아옵니
다. 5년 후, 여러분의 현금흐름은 분명 달라져 있을 것입니다.

종잣돈 1,000만 원으로 시작하는
배당금 재투자 챌린지

지금까지는 안정적인 배당 포트폴리오를 중심으로 설명했다면, 이번에는 조금 더 공격적인 전략을 이야기해보려 합니다. 매달 적립하는 방식이 아니라, 처음에 종잣돈 1,000만 원을 한 번 투자하고 이후 발생하는 배당금을 레버리지 ETF에 재투자해 수익을 극대화하는 방식입니다. 다만 이 전략은 누구에게나 적합하지는 않습니다. 레버리지 ETF는 변동성이 매우 크고, 시장 방향이 틀리면 손실이 빠르게 확대됩니다. 장기 보유 시에도 기대와 다른 결과가 나타날 수 있기 때문에 반드시 자신의 투자 성향과 리스크 감내 범위를 점검한 뒤 접근해야 합니다.

이 전략에서 가장 중요한 것은 명확한 원칙입니다. 초기 투자금 1,000만 원은 단 한 번만 투입하고 추가 납입은 하지 않습니다. 배당금은 생활비로 인출하지 않고 100% 재투자합니다. 재투자 시점도 미리 정해둡니다. 예를 들어 배당금이 입금되는 즉시 매수하거나, 매달 특정한 날짜에 일괄 매수하는 식으로 기준을 고정합니다. 그리고 무엇보다 원금의 손익에 휘둘리지 않아야 합니다. 이 챌린지의 목적은 단기 시세 차익이 아니라 배당 재투자 구조를 만드는 데 있기 때문입니다.

출발 종목은 단순해야 합니다. 종목을 여러 개로 나누면 관리가 복잡해지고 현금흐름이 얼마나 발생하는지 체감하기 어려워집니다. 그래서 월배당 ETF 한 종목으로 시작하는 것이 좋습니다. 여기서는 나스닥 기반 월배당 커버드콜 ETF인 JEPQ를 선택했습니다. 비교적 높은 배당을 지급하면서도 나스닥 성장성을 일부 가져갈 수 있는 구조이기 때문입니다. 다만 배당률만 보고 선택해서는 안 됩니다. 분배금이 얼마나 꾸준한지, 변동성은 감당 가능한 수준인지, 장기 총수익률이 납득할 만한지를 함께 살펴봐야 합니다.

배당금으로 매수할 종목은 나스닥 세 배 레버리지 ETF인 TQQQ입니다. 상승장에서는 강한 수익을 기대할 수 있지만, 하락장에서는 손실도 크게 확대되는 구조입니다. 따라서 레버리지 운용에도 반드시 원칙이 필요합니다. 레버리지는 오직 배당금으로만 매수하고, 손실이 커졌다고 해서 원금을 추가로 투입해 물타기하지 않습니다. 이 기준이 무너지면 전략이 아니라 투기가 됩니다.

가정을 해보겠습니다. 2024년 초 1,000만 원으로 JEPQ 156주를 매수하고, 이후 매월 지급되는 배당금으로 TQQQ를 꾸준히 매수합니다. 2년 동안 배당금을 재투자한 결과 TQQQ 42주가 적립되었다고 가정하면, 총자산은 약 1,659만 원 수준으로 증가하게 됩니다. 2년간 총수익률은 약 66%에 해당하며, 연평균으로 환산하면 30% 안팎의 높은 수익률입니다. 이런 수익률이 유지된다는 가정 하에 3년을 운용하면 원금의 약 두 배 수준에 도달하는 계산이 나옵니다. 물론 이는 특정 기간의 결과를 단순 적용한 시나리오일 뿐이며, 시장이 반대로 움직이면 성과는 크게 달라질 수 있습니다.

일부에서는 "그럴 거면 그냥 TQQQ를 직접 매수하면 되지 않느냐"고 말합니다. 상승장만 놓고 보면 틀린 말은 아닙니다. 그러나 나스닥 세 배 레버리지는 단기간에도 자산이 크게 흔들릴 수 있습니다. 금액이 커질수록 그 변동성을 견디는 일은 쉽지 않습니다. 배당 ETF를 통해 현금흐름을 만들고 그 배당금으로 레버리지를 매수하는 전략은 일종의 완충 장치입니다. 원금은 비교적 안정적인 자산에 두고, 자본소득으로 공격적인 전략을 실행하는 구조이기 때문입니다. 수익을 조금 덜 가져가더라도 시장에서 오래 버티는 것이 더 중요하다고 생각하는 투자자에게는 현실적인 대안이 될 수 있습니다.

이 전략은 이미 안정적인 배당 포트폴리오를 구축해 둔 투자자가 일부 자금으로 실험을 해보는 경우나, 사회초년생이 종잣돈 1,000만 원으로 빠르게 자산을 불려보고자 도전하는 경우에 어울립니다. 반대로 원금 손실에 민감하거나 투자 경험이 많지 않다면 신중하게 접근해야 합니다.

거치식 배당 재투자는 한 번 넣고 끝나는 투자가 아니라, 한 번 넣고 운영을 시작하는 투자입니다. 시장이 흔들릴 때, 분배금이 줄어들 때, 주가가 급락할 때에도 정해둔 원칙을 지킬 수 있는지가 성패를 가릅니다. 이 챌린지는 단순히 돈을 빨리 벌기 위한 이벤트가 아니라, 투자자로서의 기준과 태도를 점검하는 훈련입니다. 단순하게 시작하고, 배당을 재투자하며, 원칙을 기록으로 남기는 것. 그것이 1,000만 원 거치식 배당금 재투자 챌린지의 핵심입니다.

5장

45세, 3억 원으로
고배당 ETF 투자해서
은퇴 준비하기

은퇴 후 현금흐름 설계

은퇴는 나이가 아니라 현금흐름이 결정합니다. 45세, 아직 충분히 이길 수 있는 시간입니다. 이 시기는 인생의 속도가 다시 바뀌는 지점이기도 합니다. 직장에서는 직급이 올라가고 소득은 정점으로 향하지만, 동시에 자녀 교육비와 부모 부양, 자신의 건강과 커리어에 대한 불확실성이 함께 찾아옵니다. 이때 많은 분들이 자연스럽게 돈을 더 벌어야 한다는 생각에만 사로잡힙니다. 그러나 소득의 크기보다 더 중요한 것이 있습니다. 바로 현금흐름을 어떻게 구조화했는가 하는 문제입니다.

스스로 한번 물어야 합니다. "내가 일하지 않는 날에도 들어오는 돈이 있는가?" 만약 그렇지 않다면, 지금 이 장에서 다루는 포트폴리오를 통해 그 흐름을 설계해야 합니다. 월급이 끊겨도 버틸 수 있는 매달의 현금흐름, 시장이 흔들려도 생활이 무너지지 않는 토대가 마련되어 있다면 은퇴에 대한 불안은 상당 부분 사라집니다.

현금흐름은 단순한 이자나 배당의 문제가 아닙니다. 그것은 하나의 시간표이자 심리적 안전망입니다. 매달 정해진 시점에 들어오는 돈은 지출을 계획 가능하게 만들고, 급락장에서도 성급한 매도를 막아 줍니다. 물론 현실에서는 분배금이 달마다 달라질 수 있고, 환율과 세금 같은 변수도 존재합니다. 그래서 이 장에서는 단순히 높은 분배율만을 좇지 않습니다. 속도(A), 지속성(B), 안정성(C)을 결합해, 받는 돈이 들쭉날쭉해도 생활은 흔들리지 않는 구조를 만드는 방법을 안내합니다.

이제부터 우리는 3억 원으로 세후 월 150만 원의 현금흐름을 만드는 첫 설계에서 출발해, 최소 5년을 버틸 수 있는 구조를 세우고, 최종적으로는 은퇴 후 세후 월 300만 원을 안정적으로 받는 지점까지 단계적으로 걸음을 옮길 것입니다. 목적지는 분명합니다. 다음은 저의 사례를 자세히 이야기하고자 합니다.

✅ 매크로와 마이크로를 함께 공부하다

2020년 3월, 팬데믹의 공포가 전 세계를 뒤덮던 시기에 저는 미국 배당 투자에 첫발을 디뎠습니다. 당시의 저는 투자 경험이 풍부하지 않았고, 그래서 더더욱 시장을 큰 흐름에서 이해하려고 노력했습니다. 기준금리와 미 국채금리, 달러 인덱스와 원·달러 환율, 물가와 변동성 같은 거시 지표를 매일같이 확인하며 시장 환경을 점검했습니다.

동시에 개별 배당주와 ETF의 운용 방식, 분배 정책, 수수료와 유동성, 세금 구조를 하나하나 공부했습니다. 소액으로 직접 매수해 보고, 시뮬레이션을 돌리며 데이터를 쌓았습니다. 그 과정에서 저는 한 가지 믿음에 도달했습니다. "꾸준히 우상향하는 미국 ETF로 포트폴리오를 구성한다면, 달러로 받는 배당이 은퇴 이후의 생활을 지킬 수 있다." 이 믿음을 바탕으로 부부의 종신보험과 개인연금, 일부 부동산을 정리해 은퇴자금 3억 원을 마련했고, 45세의 시작점에서 은퇴 설계를 본격화하기로 결심했습니다.

ⓥ 초기 배당 포트폴리오 설계와 시행착오

2021년부터 저는 3억 원으로 미국 배당 ETF 중심의 포트폴리오를 구성해, 월 100만 원 수준의 현금흐름을 만들기 시작했습니다.

당시는 급여생활자였기 때문에 생활비는 월급으로 충당했고, 배당금은 전액 재투자했습니다. 애플, 팔란티어, 소파이 같은 성장주도 일부 편입해 미래의 성장 가능성을 함께 가져가려 했습니다. 그러나 2022년, 인플레이션 급등과 함께 연준이 빠르게 금리를 인상하면서 시장은 큰 폭의 조정을 겪었고, 저 역시 그 변동성을 온전히 경험했습니다. 이 시기를 거치며 저는 은퇴 포트폴리오의 핵심이 결국 '현금흐름의 안정성'이라는 사실을 깨달았습니다. 그래서 2023년에는 고배당 ETF 비중을 높이는 방향으로 리밸런

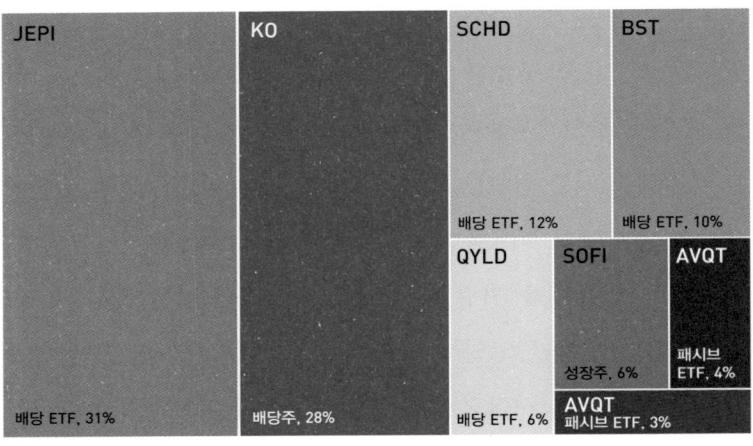

● 2021년 10월 포트폴리오(월배당 약 100만 원)

JEPI	KO	SCHD	BST
		배당 ETF, 12%	배당 ETF, 10%
		QYLD	SOFI / AVQT
배당 ETF, 31%	배당주, 28%	배당 ETF, 6%	성장주, 6% / 패시브 ETF, 4%
			AVQT 패시브 ETF, 3%

싱을 단행했습니다. 누구나 처음부터 잘할 수는 없습니다.

⟲ 목표 수량을 정하고 DRIP을 지속하다

DRIP(Dividend Reinvestment Plan)은 배당금을 현금으로 쓰지 않고 같은 ETF를 다시 매수해 보유 수량을 늘리는 전략입니다. 배당 → 재투자 → 다음 배당 증가라는 선순환이 핵심입니다. 저는 배당금을 사용하지 않고 DRIP을 약 3년 가까이 꾸준히 이어갔습니다. 배당이 들어오는 날이면 퇴근길이 달라졌습니다. 상사의 지적과 지연된 보고서로 지친 날에도 '배당 입금' 알림을 받는 순간, 목표 수량에 한 걸음 더 다가갔다는 사실이 묵직한 동기부여가 되었습니다. 한 주, 한 주가 쌓이며 은퇴 이후의 하루가 점점 더 구체적으로 그려지기 시작했습니다.

✓ 퇴사 이후, 목적이 바뀌다

재투자의 힘은 시간이 지나며 성과로 드러났습니다. 2023년 무렵, 월배당은 약 150만 원 수준이 되었고, 같은 해 저는 희망퇴직을 하게 됐습니다. 원래 은퇴 목표는 50세였지만, 가족과 충분히 상의한 끝에 2023년 4월 퇴사를 결정했습니다. 이 결정을 가능하게 한 바탕에는 매달 꾸준히 들어오는 배당금이 있었습니다. 퇴직금까지 더하면 월 300만~400만 원 규모의 인컴 포트폴리오가 가능했고, 유튜브와 강의, 창작 활동으로 월 100만~200만 원의 추가 소득도 만들 수 있다고 판단했습니다. 퇴직 후에는 부채를 먼저 정리한 뒤, 투자금을 3억 원에서 5억 원으로 늘렸습니다. 동시에 포트폴리오의 목적도 명확히 바뀌었습니다. 직장인 시절이 '성장+배당'이었다면, 퇴사 이후에는 현금흐름 극대화가 최우선 목표가 되었습니다.

현재 저는 사이드 파이어족에 가까운 일상을 보내고 있습니다. 월배당 500만 원 중 3분의 1은 생활비와 교육비로, 3분의 1은 재투자로, 나머지는 외화 RP와 금 같은 안정 자산으로 분산하고 있습니다. 강의와 콘텐츠 수익까지 합치면 월 소득은 1,000만 원을 넘고, 배당의 3분의 2를 다시 쌓아 올리며 우리 가족의 '평생 연금 ETF'를 설계하고 있습니다. 돌아보면 재투자 기간이 더 길었다면 포트폴리오는 더욱 탄탄해졌을 것입니다. 그래서 은퇴 준비

- 2026년 1월 포트폴리오(월배당 약 500만 원)

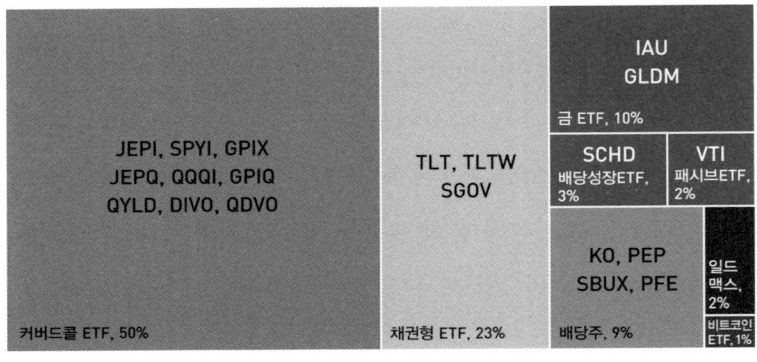

는 빠를수록 좋다고 말하고 싶습니다. 큰 흐름을 읽는 습관과 작은 실행을 매달 반복하는 힘, 이것이 투자의 격차를 만듭니다

3억 원으로 월배당 150만 원 만들기

✓ 구체적이고 명확한 목표 세우기

모든 계획은 명확한 숫자에서 시작해야 합니다. 예를 들어 월배당금으로 세전 150만 원을 목표로 잡아보겠습니다. 연간으로 환산하면 1,800만 원입니다. 초기 투자금은 3억 원입니다. 이를 단순화해 세전 기준 분배율 y를 구해보면 다음과 같습니다.

- 연간 목표 배당금 1,800만 원=3억 원×y

- $y = 6\%$

즉, 세전 평균 분배율이 6%라면 이론적으로 월 150만 원의 배당이 가능합니다. 다만 해외자산에는 원천징수세가 적용되고, 국내 과세와 환율 변동이라는 변수도 존재합니다. 그래서 보다 현실적인 계산을 위해 보수적인 세후 계수 0.85(세전×85%)를 적용합니다. 이를 감안하면 목표 분배율은 세전 7~8% 구간에 맞추는 것이 안전합니다.

✓ 단일 종목이 아니라 '버킷'으로 설계하기

현금흐름을 만들겠다고 높은 분배율의 자산만 쓸어 담는 전략은 위험합니다. 성격이 다른 세 가지 버킷으로 나누어 수익과 안정성의 균형을 잡아야 합니다.

A: 고배당·옵션 프리미엄 버킷

커버드콜·옵션 프리미엄 전략형 ETF가 여기에 해당합니다. 월·분기 분배금이 크지만, 시장 변동성에 따라 분배가 달라질 수 있고 자본 변동폭도 상대적으로 큽니다.

기대 분배율 세전 8~12%

B: 배당 성장 버킷

배당 귀족, 우량 배당 인덱스형 자산입니다. 당장의 수익률은 낮지만 시간이 갈수록 배당 자체가 성장하는 구조를 제공합니다.

세전 배당 수익률 3~4%, 배당 성장률 연 7~12% 기대

C: 방어·현금성 버킷

초단기 국채, 머니마켓, 저변동 채권형 자산입니다. 급락장에서는 생활비를 지켜주고, 리밸런싱을 위한 탄약 역할을 합니다. 세전 3~5%

핵심은 A가 현금흐름의 속도, B가 현금흐름의 지속성, C가 현금흐름의 안정성을 담당한다는 점입니다. 세 버킷이 함께 굴러갈 때 생활비는 끊기지 않습니다.

✓ 처음부터 될 만한 설계

3억 원을 다음과 같이 배분한다고 가정해 보겠습니다.

- A 50%(1억 5,000만 원)
- B 30%(9,000만 원)
- C 20%(6,000만 원)
- 세전 연간 분배금은(1억 5,000만 원×10%)+(9,000만 원×2%)+(6,000만 원×3%)=1,860만 원

월 기준으로는 약 155만 원입니다. 이미 목표에 거의 근접한 수치입니다. 시장과 환율이 우호적이면 초과할 수 있고, 불리하면 일시적으로 미달할 수도 있습니다. 그래서 처음부터 현금 쿠션을 두는 것이 중요합니다. C 버킷의 일부를 6~12개월 생활비로 고정 보유하면 월별 변동성을 충분히 흡수할 수 있습니다.

☑ 보수형과 수익형, 성향에 맞춘 대안

안정성에 민감하다면 A 비중을 낮추고 B 비중을 높이는 보수형이 적합합니다. 다만 초반 현금흐름 목표에는 다소 못 미칠 수 있습니다. 반대로 당장의 월 현금흐름을 극대화하고 싶다면 A 비중을 60% 이상으로 높이는 수익형도 가능합니다. 이 경우 반드시 C 버킷을 최소 6개월 이상 확보해 급락기에서의 심리적 공황을 차단해야 합니다.

이 선택에는 정답이 없습니다. 성향의 문제입니다. 다만 어떤 선택이든 하나의 규칙은 필요합니다. 목표에 도달하기 전까지는 배당금을 DRIP(자동 재투자) 한다는 원칙을 첫 번째 규칙으로 삼기 바랍니다.

☑ 체크리스트로 시작하기

- 목표(세후 월 150만 원)를 문서로 고정한다.
- 세 가지 버킷의 비중을 확정한다.
- 환율 기준값(예: 1,400원)과 ±10% 밴드를 메모한다.
- 세제 계좌(ISA·연금·일반·법인) 배치를 사전에 설계한다.
- DRIP을 기본값으로 설정한다.
- C 버킷에서 생활비 6~12개월을 분리 보관한다.
- 분기별 리뷰 데이를 캘린더에 지정한다.

이 체크리스트만 제대로 지켜도 이미 절반은 성공입니다.

실전 투자, 배당 포트폴리오 설계

총 3억 원을 바탕으로 세전 연 1,860만 원, 월 환산 약 155만 원의 현금흐름을 목표로 하며, 구조는 '속도·지속성·안정성'이 동시에 작동하도록 세 개의 버킷으로 나누어 설계했습니다. 핵심은 어느 한 축에 의존하지 않고, 서로 다른 성격의 현금흐름을 겹쳐 월평균을 안정적으로 끌어올리는 데 있습니다.

먼저 1번 계좌는 현금흐름의 '속도'를 담당합니다. 1억 5,000만 원을 GPIX, JEPQ, DIVO에 배분해 월 분배 축을 굵게 깔았습니다. 이 조합은 옵션 프리미엄과 배당 인컴이 결합된 특성상 분배력이 좋고, 시장의 내재변동성(IV)이 높을 때 특히 존재감을 발휘합니다. 다만 높은 인컴 뒤에는 자본 변동성이 동반될 수 있으므로, 분배금은 같은 유형의 고배당으로만 묶어 두지 않고 GPIQ로 재투자하는 것을 권합니다. 현재 가정으로 세전 연 약 1,500만 원의 현금흐름을 기대할 수 있습니다. 목표는 분배로 원금을 소진하는 방식이 아니라, 5~7년 안에 현금흐름과 자본 성장을 함께 적립해 '원금 회수 감각'을 만드는 것입니다.

2번 계좌는 '지속성'을 책임지는 배당 성장 엔진입니다. 총 9,000만 원을 SCHD와 VIG로 구성해 배당의 질과 증가 속도를 확보했습니다. 당장의 수익률은 1번보다 낮지만, 배당 자체가 시간이 갈수록 커지기 때문에 포트폴리오의 체력이 해마다 보강됩니다. 이 계좌에서 발생하는 분배금은 QQQM으로 재투자해 장

● 월배당 150만 원 포트폴리오

계좌	투자 원금	ETF 구성	배당금 활용	연 배당금 (세전)	투자 목표
1번 계좌	1억 5,000만 원	GPIX(6,000만 원), JEPI(6,000만 원), DIVO(3,000만 원)	배당금으로 GPIQ 재투자	약 1,500만 원	5~7년 내 원금 회수
2번 계좌	9,000만 원	SCHD(5,000만 원), VIG(4,000만 원)	배당금으로 QQQM 재투자	약 180만 원	자산 성장 트랙
3번 계좌	6,000만 원	SGOV(4,000만 원), TLT(2,000만 원)	배당금은 현금·금 ETF	약 180만 원	안전자산 축적·위기 대응
합계	3억 원	—	—	약 1,860만 원	월 약 155만 원

기 복리의 분모(자본)를 키우는 데 쓰겠습니다. 분기배당 중심이라 월별 편차가 생길 수 있으나, 1번의 월분배와 3번의 현금 쿠션이 그 요철을 평탄하게 만들어 줍니다. 세전 기준으로 연 약 180만 원을 보수적으로 예상합니다.

3번 계좌는 '안정'과 '위기 대응'을 맡습니다. 6,000만 원 중 SGOV 4,000만 원으로 초단기 국채의 환금성을 확보하고, TLT 2,000만 원으로 장기채의 금리·경기 국면 헤지 기능을 얹었습니다. 여기서 발생하는 이자와 분배금은 서두르지 않고 금 ETF로 조금씩 옮겨 담겠습니다. 그렇게 해서 주식과 채권의 변동성을 완화할 안전장치를 만들겠습니다. 무엇보다 중요한 역할은 생활비 6~12개월에 해당하는 현금 쿠션을 상시 유지하는 일입니다. 급락기에도 생활비가 끊기지 않는다는 확신이 있어야 리밸런싱을 규칙대로 집행할 수 있습니다. 이 계좌의 세전 현금흐름은 연 약 180만 원으로 가정합니다.

이 세 계좌가 함께 굴러가면, 월 단위로는 1번과 3번이 바닥을 만들고, 분기 단위로는 2번의 배당이 피크를 형성합니다. 결과적으로 세전 월평균 약 155만 원의 흐름이 만들어지며, 환율과 시장 여건이 우호적일수록 체감 현금흐름은 더 매끄러워집니다. 목표 달성 전까지는 재투자 규칙을 단순하게 유지하는 것이 좋습니다.

- 1번 → GPIQ
- 2번 → QQQM
- 3번 → 금 ETF

이렇게 돈의 경로를 고정하면(라우팅), 별도의 판단 없이도 현금이 성장과 방어 레이어로 자동 배치됩니다. 목표에 도달한 뒤에는 필요한 생활비만큼만 현금화하고, 나머지는 그대로 DRIP을 유지해 복리의 속도를 잃지 않으면 됩니다.

운용의 질서를 지키기 위해 리밸런싱 규칙도 미리 정하겠습니다. 목표 비중에서 ±20% 벗어날 때를 트리거로 하고, 3·6·9·12월 둘째 주 금요일을 리뷰 데이로 고정해 현금 유입분(배당·이자) 위주로 가중치를 복원합니다. 환율은 1,400원을 기준으로 ±10% 밴드를 설정해 하단(1,260원대)에서는 매수·재투자를 강화하고, 상단(1,540원대)에서는 원화 대기를 늘리며 환리스크를 줄이는 운영을 권합니다.

세제와 계좌 배치는 현금흐름의 손실을 막는 마지막 안전장치입니다. 고분배 성격의 자산은 가능하면 세제계좌(ISA·연금·법인)에 우선 배치하고, 배당 성장 위주의 자산은 과세 구간과 보유 기간을 고려해 일반계좌와 혼합하면 좋습니다. 본 설계의 세전 합계는 연 1,860만 원으로 금융소득종합과세 기준(연 2,000만 원)을 밑돌지만, 예·적금 이자나 다른 배당이 더해질 수 있으므로 월별·분기별로 세전 금융소득 누적표를 기록해 한도를 넘지 않도록 관리해야 합니다. DRIP 자체는 과세 대상 금액을 줄이지 않으므로, 한도에 근접할 때는 재투자 강도를 조절하는 것이 안전합니다.

1번은 속도, 2번은 지속성, 3번은 안정과 위기 대응을 맡아 세 바퀴가 동시에 굴러가도록 설계했습니다. 규칙은 단순하고 명확할수록 지키기 쉽습니다. 재투자 라우팅, 리밸런싱 기준, 환율 밴드, 현금 쿠션만 흔들리지 않게 관리하면, 세전 월 155만 원이라는 수치는 일시적 변동을 견디면서도 충분히 재현 가능한 목표가 됩니다.

최소한 5년은 견뎌야 한다

배당 투자는 첫해와 둘째 해에 체감이 작습니다. 분배가 들어오고 재투자를 반복해도 숫자는 느리게 움직이는 듯 보입니다. 그러나 셋째 해를 넘어가면 흐름이 달라집니다. 배당이 배당을 낳고, 재투자로 늘어난 수량이 다음 분배를 키우며, 배당 성장주에서의 증액 흐름까지 겹쳐 곡선이 눈에 보이게 휘기 시작합니다. 이 지점이 바로 "최소 5년은 견뎌야 한다"는 말의 이유입니다. 복리는 시간의 친구이고, 그 시간을 통과하는 유일한 방법은 규칙입니다.

5년 동안 지켜야 할 기준은 네 가지로 요약됩니다. 목표 비중에서 크게 벗어나면 분기 리뷰 데이에 원위치시키는 리밸런싱, 생활비 6~12개월에 해당하는 현금 쿠션을 줄이지 않는 절대 원칙, 환율 1,400원을 기준으로 ±10% 밴드에서 행동을 달리하는 환헤지 규율 그리고 금융소득종합과세 한도에 근접하면 저분배 자산으로 재투자 라우팅을 높여 총자산 성장은 유지하되 과세 대상 소득의 급증을 억제하는 세제 가드레일입니다. 요컨대 "가격이 아니라 규칙으로 판단한다"는 문장을 문서로 작성하고, 그 규칙을 반복해서 실행하면 됩니다.

1~2년 차는 세팅의 시기입니다. 현금흐름 캘린더가 생활 리듬에 스며들고, 약세장과 횡보장이 와도 DRIP을 중단하지 않는 훈련을 하는 때입니다. 3~4년 차부터는 재투자된 수량이 체감되기 시작하고, 분기마다 들어오는 배당이 이전보다 많아졌음을 느끼게 될 것입니다. 조정장이 오면 3번 계좌의 쿠션을 쓰면서 1번과 2번 계좌로 차분히 리밸런싱하면 됩니다. 5년 차가 되면 월평균 현금흐름의 상향 안정화가 확인되고, 한도

에 가까워지면 재투자의 흐름을 성장지수·금 ETF로 조금 더 많이 보내 과세 소득을 통제할 수 있습니다.

숫자로 생각의 틀만 제시해 보겠습니다. 보수적인 여건에서 연 7%대의 총 수익률로 굴러간다면 5년 뒤 자산은 4억 원 초반에 머물 수 있습니다. 그러나 규칙을 지키며 재투자를 일관되게 수행하고, 배당 성장과 리밸런싱, 환율 밴드 운영이 평균 수준으로 작동한다면 연 11% 내외의 복리를 기대할 수 있고, 이 경우 3억 원은 5년 뒤 5억 원 안팎으로 도달할 통계적 가능성이 충분합니다. 강세가 겹치면 그보다 더 빨리 목표를 밟을 수도 있지만, 핵심은 언제나 같습니다. 견디고, 기록하고, 규칙대로 움직이는 것입니다. 5년은 길지 않습니다. 규칙이 습관이 되고, 습관이 성과가 되는 데 필요한 최소한의 시간일 뿐입니다.

버티면 보이는 수치, 5년 후 투자 시뮬레이션

5년의 시간을 동일한 규칙으로 통과했다는 전제에서, 각 버킷은 다음과 같은 궤적을 그립니다. 먼저 현금흐름의 속도(A)를 담당하는 1번 계좌는 1억 5,000만 원에서 출발하여, 연평균 약 11%의 수익률을 기록할 경우 추정 평가액 2억 5,000만 원에 도달합니다. 총 1억 원의 자본 증가가 더해지는 셈입니다. 분배를 그대로 인컴형에만 묶지 않고 GPIQ로 재투자해 분자(배당)와 분모(자본)를 함께 키운 결과입니다.

지속성(B)을 담당하는 2번 계좌는 9,000만 원에서 시작해 연평균 약 12%의 수익률을 가정하면 1억 6,000만 원으로 성장합니다. 순수익은 +7,000만 원입니다. SCHD·VIG → QQQM으로 이어지는 재투자 라우팅이 배당 성장의 과실을 성장지수에 연결했고, 분기 피크의 유입 현금이 누적되면서 체력이 눈에 띄게 강화됩니다.

안정성과 헤지(C)를 맡은 3번 계좌는 6,000만 원에서 출발하여 연평균 약 5%를 가정하면 8,000만 원이 됩니다. 2,000만 원의 이익이 더해지며, 이 과정에서 SGOV·TLT → 금 ETF로 천천히 옮겨 쌓은 헤지 레이어가 하락 구간의 체감 변동성을 줄여줍니다. 무엇보다 중요한 것은 이 계좌에 생활비 6~12개월 현금 쿠션을 상시로 유지해, 급락기에도 리밸런싱을 침착하게 실행할 수 있었다는 점입니다.

세 계좌를 합산하면, 초기 3억 원은 5년 뒤 약 4억 9,000만 원의 추정 평가액에 이릅니다. 총 1억 9,000만 원의 투자 수익을 보수적으로 기대할 수 있다는 의미이며, 이는 어디까지나 DRIP·리밸런싱·환율 밴드·과세 가드레일이라는 동일한 규칙을 흔들림 없이 지켰다는 전제로 성립합니다.

투자의 세계에서 결과는 언제나 변하곤 합니다. 그러나 규칙은 변하지 않습니다. 우리는 높은 분배율의 '속도(A)', 배당 인상의

'지속(B)', 생활비의 '안정(C)'을 한 포트폴리오 안에 결합했습니다. 그리고 5년을 버티는 동안 DRIP과 리밸런싱, 현금 쿠션을 통해 구조적으로 현금흐름을 키웠습니다. 그 결과 5년 차에 미국 배당 ETF 잔고 5억 원의 은퇴자금이 현실로 다가옵니다. 은퇴 준비는 거창한 결심이 아니라 작은 규칙의 반복입니다.

6장

평생 연금 받는
나만의 배당 ETF
만들기

배당을 '쓰지 않기로' 결심한 시점

이 책 앞부분에서 우리는 이미 충분히 많은 이야기를 했습니다. 배당을 재투자해야 하는 이유, 고배당만으로는 불안한 이유, 최소 5년은 버텨야 하는 이유까지 말입니다. 이 장의 목적은 그것을 다시 설명하는 데 있지 않습니다. 대신 한 가지 질문에 답하려 합니다. "그래서 실제로 그렇게 하면, 정말 연금처럼 굴러가느냐?" 이 장은 그 질문에 답한 저의 계좌 기록입니다.

제 평생 연금 ETF는 거창한 목표에서 시작되지 않았습니다. 오히려 단순한 원칙 하나에서 출발했습니다. 배당은 생활비가 아니라, 성장 자본이다.

2021년부터 2023년 4월 퇴사 전까지 매달 들어온 배당은 단한 푼도 쓰지 않았습니다. 배당이 들어오면 다시 ETF를 샀고, 계좌는 현금흐름을 소비하는 곳이 아니라 수량을 늘리는 공간으로

만 사용했습니다. 생활비는 급여와 별도의 현금흐름으로 해결했고, 배당 계좌에는 손대지 않았습니다. 이 시기에는 수익률보다 규칙을 지키는 것이 더 중요했습니다.

변화는 갑자기 오지 않았습니다. 처음 1~2년 동안은 '이렇게까지 해야 하나?'라는 생각이 더 많았습니다. 하지만 어느 순간부터 분배금이 분배금을 낳고, 재투자로 늘어난 수량이 다음 분배를 키우기 시작했습니다. 숫자보다 먼저 달라진 것은 심리였습니다. 배당이 줄어도 불안하지 않았고 주가가 빠져도 매도 버튼이 떠오르지 않았습니다. 계좌를 '평가금'이 아니라 '현금흐름의 장치'로 보기 시작했기 때문입니다.

누적 배당이 일정 수준을 넘어서자 생각이 이렇게 바뀌었습니다. '이 정도면, 이미 상당 부분은 되돌려받은 셈 아닌가?' 이 인식이 생긴 이후 투자의 무게중심은 완전히 달라졌습니다. 가격 변동은 중요도가 낮아졌고, 대신 배당의 지속성과 구조 유지가 가장 중요한 기준이 되었습니다. 이 시점부터 저는 배당의 일부만 생활비 기준선에 맞춰 인출했고, 나머지는 계속 DRIP으로 유지했습니다. 배당은 쓰는 돈이 아니라 계좌를 더 단단하게 만드는 재료가 되었습니다.

현재 제 배당 ETF 계좌는 목표 수익률을 증명해야 하는 대상이 아닙니다. 매월 혹은 분기마다 현금이 들어오고 생활비에 필요한 만큼만 꺼내 쓰고 남은 금액은 다시 구조 안으로 흘려보냅니다. 주가가 오르면 재투자가 빨라지고, 주가가 내려가도 배당 엔진이 멈추지 않는 한 현금흐름은 계속됩니다. 리밸런싱은 분기마다, 환율과 세제는 미리 정한 규칙에 따라 조정합니다. 판단은 줄이고, 반복만 남긴 상태입니다.

평생 연금 ETF의 본질은 숫자가 아니다

이 계좌를 '평생 연금 ETF'라고 부르는 이유는 월 얼마를 받느냐 때문이 아닙니다. 배당이 끊길까 걱정하지 않게 되었고 시장 변동 앞에서 행동이 단순해졌으며 "팔아야 하나?"라는 질문이 사라졌기 때문입니다. 배당으로 원금을 회수했다는 감각은 투자자의 태도를 완전히 바꿉니다. 이후의 현금흐름은 노동의 대가가 아니라 시스템의 결과가 됩니다.

많은 사람이 배당 투자를 시작하지만 끝까지 연금처럼 쓰는 사람은 많지 않습니다. 차이는 단 하나입니다. 먼저 키웠느냐, 아니면 너무 빨리 꺼내 썼느냐. 평생 연금 ETF는 특별한 상품이 아닙니다. 배당을 대하는 순서를 바꾼 결과입니다.

먼저 재투자하고 충분히 버티고 구조가 완성된 뒤에 꺼내 쓰는 것. 이 단순한 원칙을 끝까지 지킨 계좌만이 결국 연금처럼 작동합니다. 정리하면 다음과 같습니다.

✓ 축적기

이 시기에는 배당금을 한 푼도 쓰지 않고 전량 재투자합니다. 목표
는 단순합니다. 누적 세후 배당 ≥ 초기 투자 원금에 도달하는 것
입니다. 분배금 캘린더를 만들고, 분배금이 들어오면 적립목표로
한 ETF를 매수해서 수량을 늘려갑니다. 생활비는 6~12개월치 현
금 쿠션으로 해결하여 포트폴리오에 손대지 않습니다.

✓ 회수기

누적 배당이 원금과 같아지는 시점입니다. 평균적인 환경에서는
3~5년, 보수적으로 7~10년을 '원금 회수 목표 달성'으로 선언합
니다. 이때부터 심리 구조가 바뀝니다. 계좌의 ETF는 이미 원금
이 환급된 자산이므로 가격 변동에 흔들릴 이유가 사라집니다.
배당금의 일부만 생활비 기준선에 맞춰 인출하고, 잔여분은 계속
DRIP하여 배당 자체의 성장을 이어갑니다.

✓ 연금기

이제 계좌는 말 그대로 평생 현금흐름을 지급하는 장치가 됩니
다. 주가가 오르면 DRIP으로 더 빨리 커지고, 주가가 내려가도
ETF의 배당 엔진이 살아 있는 한 월·분기 현금흐름은 계속됩니
다. 생활비 기준선만 인출하고 초과분은 재투자, 분기 리밸런싱
으로 버킷 균형 복원, 금융소득종합과세 한도(세전 연 2,000만 원)
를 관리해 필요 시 저분배 자산으로 라우팅 전환 또는 부부나 가

족명의로 분산투자합니다. 원금은 배당으로 이미 회수했다는 사실은 변동성 앞에서의 행동 오류를 줄여줍니다. 동시에 배당의 복리 효과가 DRIP으로 쌓이면서 취득가 대비 현금흐름률이 시간이 갈수록 상승합니다. 결과적으로 초기에는 자본 보존, 중기에는 현금흐름의 가시적 확대, 장기에는 평생 연금이 달성됩니다.

평생 연금을 만드는 과정

저의 연도별 목표와 성과는 다음과 같습니다. 2021년 1,000만 원 → 1,075만 원(107%), 2022년 1,500만 원 → 1,532만 원(102%),

● **월별 배당금 현황**

- 2021년 배당 목표 1,000만 원 → 배당금 1,075만 원 (달성률 107%)
- 2022년 배당 목표 1,500만 원 → 배당금 1,532만 원 (달성률 102%)
- 2023년 배당 목표 3,000만 원 → 배당금 3,835만 원 (달성률 128%)
- 2024년 배당 목표 5,000만 원 → 배당금 6,145만 원 (달성률 130%)
- 2025년 배당 목표 7,000만 원 → 배당금 5,970만 원 (달성률 85%)

세후 누적 배당금
1.85억 원

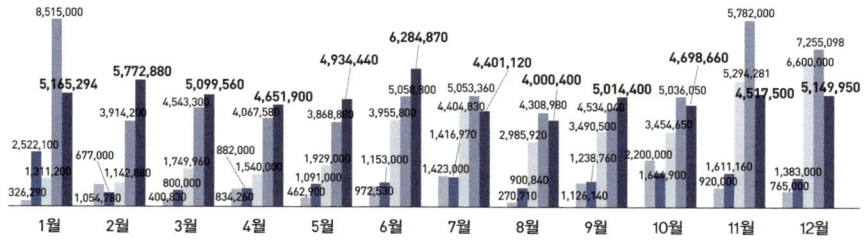

2023년 3,000만 원 → 3,835만 원(128%), 2024년 5,000만 원 → 6,145만 원(130%), 2025년 7,000만 원 → 5,970만 원(85%)입니다. 그 결과 2021년 1월~2025년 12월(60개월) 동안 받은 세후 누적 배당은 1억 8,500만 원입니다. 이 가운데 약 3,500만 원은 생활비, 여행, 자녀교육비로 사용했고, 1억 5,000만 원은 그대로 평생 연금 ETF로 적립했습니다. 다행히 투자 기간 동안 시장이 우호적이어서 원금은 잘 보존됐고, 배당은 말 그대로 연금 엔진으로 자리 잡았습니다.

현재 계좌에는 JEPQ 1,000주, QYLD 1,000주, GPIQ·QQQI·QDVO 등 나스닥 중심의 월배당 커버드콜 ETF가 담겨 있습니다. 평가액 기준 약 1억 5,000만 원이 평생 연금 포트폴리오로 축적되었고, 예상 월배당은 908달러(약 130만 원)입니다. 처음 세운 1차 목표였던 '월 100만 원'은 이미 달성했으며, 이제 2차 목표인 '월 200만 원'을 향해 나아가고 있습니다. 목표에 도달하면 부부가 각자 월 100만 원씩 '배당 용돈'을 사용하고, 초과분은 전액 재투자해 복리의 속도를 유지할 계획입니다.

정리하면, 원금은 보존되고 배당은 성장하며, "배당으로 먼저 원금을 회수하고 이후에는 시스템이 현금을 지급한다"는 평생 연금 ETF의 개념이 실제 수치로 확인되고 있습니다. 앞으로의 과제는 단순합니다. 생활비 기준선만 인출하고 나머지는 꾸준히 재투자해 연금 엔진의 출력을 해마다 조금씩 높이는 일입니다. 이렇게 하면 시장의 굴곡과 무관하게, 은퇴 이후에도 하고 싶은 일을

● 평생 연금 ETF 적립 현황

평생 연금 ETF	수량	주가	평가자산	평가자산	비중	주당 월배당
JEPQ	1,000	$59.29	$59,290	₩85,970,500	57%	$500
QYLD	1,000	$17.73	$17,730	₩25,708,500	17%	$170
GPIQ	300	$53.52	$16,056	₩23,281,200	15%	$129
QQQI	100	$54.55	$5,455	₩7,909,750	5%	$62
QDVO	200	$29.65	$5,930	₩8,598,500	6%	$47
합계	2,600		$104,461	₩151,468,450	100%	$908

하며 시간을 누리는 '행복한 시간부자'의 삶을 안정적으로 이어 갈 수 있습니다.

평생 연금 ETF는 종목 몇 개를 고르는 문제가 아니라, 스스로 합의한 철학과 반복 가능한 절차를 갖춘 하나의 시스템입니다. 따라서 투자를 시작하기 전에 먼저 목적을 분명히 해야 합니다. 성장주나 패시브 지수를 통해 자본이득을 극대화할 것인지, 아니면 배당 투자를 통해 일정 기간 재투자로 원금 회수를 목표로 할 것인지 선택해야 합니다. 두 전략은 모두 장점이 있지만, 요구하는 인내와 기술은 다릅니다. 성장·패시브 투자는 변동성을 감내하며 주가 상승의 보상을 추구하는 방식이고, 배당 투자는 "배당으로 원금을 회수하고 이후의 현금흐름을 연금처럼 받는다"는 명확한 미션을 전제로 합니다. 이 선택을 한 문장으로 적어 두면 이후의 의사결정이 훨씬 단순해집니다.

다음 단계는 도구 선택입니다. 성장에 도전한다면 엔비디아, 알파벳(구글), 테슬라, 팔란티어 같은 기업을 왜 이 가격에서 보유하는지 스스로 설명할 수 있을 만큼 사업모델과 리스크를 공부해야 합니다. 확신 없이 보유하는 성장주는 투자가 아니라 운에 가까워지기 쉽습니다. 배당 ETF로 원금 회수를 노린다면 검증은 더욱 중요합니다. 운용자산 규모와 유동성, 합리적인 총보수, 투명한 분배 정책, 위기 국면에서의 감액·회복 이력까지 확인해야 합니다. 상승장에서도 일관되게 분배를 이어온 기록과 옵션 전략의 규칙, 세금과 원천징수 구조를 점검하면 불확실성을 크게 줄일 수 있습니다. 핵심은 단순합니다. 검증된 것만 사용한다는 원칙입니다.

목표는 반드시 숫자로 고정해야 합니다. 투자 기간을 축적기, 회수기, 연금기로 나누고, ETF별 목표 수량과 월배당 목표액을 함께 설정해야 합니다. 예를 들어 축적기 3년, 회수기 2년, 연금기 무기한, JEPQ 1,200주·SCHD 600주·SGOV 300주, 세전 월 150만 원과 같은 방식입니다. 더 나아가 원금 회수율을 30%→50%→100%의 단계형 목표로 설정하면 중간 점검이 쉬워집니다. 누적 세후 배당이 초기 투자 원금에 도달할 때를 100% 회수로 선언하고, 그전까지는 전액 DRIP을 유지하는 식입니다. 이렇게 수치로 명문화된 목표는 시장의 소음보다 강력한 나침반이 됩니다.

계좌별로 이름이나 별칭을 붙이는 것도 효과적입니다. 하나의 계좌에 모든 목적을 섞으면 판단이 흔들리기 쉽습니다. 투자금을 여러 계좌로 나누고 각 계좌에 역할을 부여해야 합니다. 예컨대 원금 100% 회수 후 생활비 인출 전용, 분기 배당을 모아 여행비로 사용, 부부 용돈 자동 지급, 의료·수선 등 비정기 지출 예비비처럼 구분하는 방식입니다. 별칭은 장식이 아니라 행동을 설계하는 장치입니다. 자동이체와 자동 재투자까지 설정하면 의지보다 시스템이 먼저 움직이게 됩니다.

마지막으로 가장 중요한 것은 시간을 견디는 일입니다. 목표한 기간과 수량에 도달하기 전까지는 시장 변동에 과도하게 반응하지 않아야 합니다. 배당 재투자의 진정한 매력은 초반에 잘 드러나지 않습니다. 그러나 시간이 쌓이면 계좌에 담긴 '황금알'의 개수가 늘어나고, 배당이 다시 배당을 낳으며 현금흐름은 해마다 두터워집니다. 그렇게 4~5년을 성실히 지나면, 어느 순간 배당만으로 초기 원금을 회수하는 경험을 하게 되고, 그때 비로소 복리의 힘이 실감 나게 다가옵니다. 이후 계좌는 주가의 단기 등락과 무관하게 평생 연금 시스템으로 작동합니다.

물론 배당 투자가 쉬운 길이라는 뜻은 아닙니다. 명확한 투자관을 세우고, 시장에서 검증된 ETF만 선별한 뒤, 위기와 변동성을 견디며 규칙을 지켜야 합니다. DRIP, 정기 리밸런싱, 현금 쿠션, 환율 관리 같은 원칙을 문서로 고정하고 반복해야 합니다. 그렇게 5~10년을 인내로 채워 넣으면, 은퇴 이후 20~30년을 든든히 지탱해 줄 평생 연금 ETF가 완성됩니다.

두 개의 ETF로 평생 연금 만들기 실전편

평생 연금 ETF 만들기를 위해 제안하는 운용 전략은 매우 단순합니다. 매달 안정적으로 분배를 지급하는 JEPI로 현금흐름의 바닥을 만들고, 그 분배금을 JEPQ로 자동 재투자해 성장의 사다리를 타는 구조입니다. JEPI가 생활비의 기초를 지탱하는 저변동 인컴 엔진이라면, JEPQ는 그 현금흐름을 받아 더 높은 기대수익으로 증식시키는 성장형 인컴 엔진이라 할 수 있습니다. 이렇게 JEPI에서 벌어 JEPQ로 키우는 흐름을 고정해 두면, 포트폴리오 안에서 안정적인 현금흐름과 자본 성장성을 동시에 추구할 수 있습니다.

- A [JEPI + JEPQ 투자] → B [매달 배당 수령]
- B → C [JEPQ 매수]
- C → D [JEPQ 상승 수익 누적]
- D → E [복리 성장 효과]

전략의 동선은 A에서 E까지 한 줄로 이어집니다. 먼저 JEPI를 보유해 매월 분배가 예정된 현금창출원(A)을 확보합니다. 분배금을 수령하면(B), 사전에 정한 날짜에 전액을 JEPQ 매수로 자동 연결합니다(C). 시간이 지나면서 JEPQ에서는 자본이득이 축적되거나, 조정기에는 저가매수 효과가 자연스럽게 누적됩니다(D).

이 과정을 매달 반복하면 수량 증가에 배당과 가격 성장이 겹치며 계좌 전체가 복리로 확장됩니다(E). 중요한 것은 이 흐름을 투자자의 판단에 맡기지 않는 일입니다. 달력과 자동이체가 대신 실행하도록 설계할수록 감정은 배제되고, 전략은 오래 살아남습니다.

전략의 핵심은 간단합니다. JEPI에서 매달 들어오는 안정적인 분배금을 전액 JEPQ로 자동 재투자해, 한쪽에서는 현금흐름의 바닥을 만들고 다른 한쪽에서는 성장의 사다리를 타는 구조입니다. 이렇게 하면 현금흐름의 안정성과 자본이득의 성장성을 하나의 포트폴리오 안에서 동시에 추구할 수 있습니다. 운용상 대체가 필요할 경우에는 JEPI 대신 GPIX·SPYI, JEPQ 대신 GPIQ·QQQI처럼 동종 목적의 ETF로 교체도 가능합니다.

초기 세팅에서 기대하는 연간 분배금(세전)은 약 1,000만 원입니다. JEPI에서 약 650만 원, JEPQ에서 약 350만 원이 발생하며, 이 분배금은 한 푼도 사용하지 않고 매월 JEPQ 매수로 라우팅합니다. 목표는 명확합니다. 5~7년 안에 '누적 세후 배당 ≥ 초기 원금(1억 원)'에 도달해 원금 회수를 선언하는 것입니다. 그 시점부터 계좌에 남은 ETF는 가격의 단기 등락과 무관하게 평생 분배를 지급하는 연금 엔진으로 기능합니다.

투자 기간을 5년으로 가정해보겠습니다. 1~2년 차는 세팅기입니다. JEPI 수량을 충분히 확보해 월배당의 바닥을 만들고, 분배금을 자동 재투자하는 규칙을 습관으로 고정합니다. 3~4년 차에는 JEPQ 수량 증가가 가시화되며 자본이득의 체감이 시작되고, 조정장은 계획된 매수를 수행하는 구간이 됩니다. 5년 차에는 누적 배당과 JEPQ 수량 증가가 맞물리며 현금흐름의 상향 안정화가 확인됩니다. 이때 '누적 세후 배당÷초기 원금'으로 원금 회수율을 점검하며 30%·50%·100%의 단계 달성을 체크하면 동기부여에도 도움이 됩니다.

이 규칙을 5년간 유지하면 계좌는 숫자로 반응합니다. 1년 차에는 변화가 미미하지만, 2~3년 차부터 수량 증가와 가격 성장이 겹치며 복리의 기울기가 커집니다. 4~5년 차에는 효과가 분명해져, 5년 후 추정 평가액은 약 1억 7,670만 원 수준에 도달합니다. 구성별로는 JEPI 약 7,729만 원, JEPQ 약 9,942만 원이며, 이 기간 동안 배당 재투자로 누적된 금액(세전) 약 4,794만 원이 JEPQ로 흡수돼 성장의 연료가 됩니다.

이 시점에서 '연금 모드'로 전환해 인출을 시작한다고 가정하면, JEPI(약 7,729만 원)×8%와 JEPQ(약 9,942만 원)×7%를 적용한 연간 예상 분배금은 약 1,314만 원, 월 세전 약 109만 원의 현금흐름이 가시권에 들어옵니다. 다만 1차 목표는 즉각적인 인출이 아니라 원금 회수선에 도달하는 것입니다. 따라서 목표 달성 전에는 전액 DRIP을 유지하고, 달성 이후에는 생활비 기준선만 인출하며 초과분은 재투자하는 원칙을 지키면 연금 엔진의 출력은 해마다 조금씩 커집니다.

핵심은 화려한 타이밍이 아니라 반복 가능한 절차입니다. 평

● JEPI+JEPQ로 평생 연금 ETF 만들기

ETF	투자 원금	배당금 활용	연 배당금 (세전)	투자 목표
JEPI	7,000만 원	배당금으로 JEPQ 재투자	약 650만 원	5~7년 내 원금 회수
JEPQ	3,000만 원	배당금으로 JEPQ 재투자	약 350만 원	5~7년 내 원금 회수
합계	1억 원		약 1,000만 원	

생 배당금이라는 연금 소득을 만드는 데에는 최소 5년, 길게는 10년의 시간이 필요합니다. 그 과정에서 폭락장과 경기 침체가 찾아오면 마음이 흔들릴 수 있습니다. 그래서 앙드레 코스톨라니의 말처럼, "투자로 얻은 돈은 고통의 대가"이기도 합니다. 그럼에도 이 길을 걷는 이유는 분명합니다. 매달 배당이 입금되는 작은 설렘과 함께 은퇴 이후 20~30년을 지탱할 시스템을 오늘부터 구축할 수 있기 때문입니다. 이것이 우리가 평생 연금 ETF를 만들기 위해 인내하고, 규칙을 지키며, 시간을 우리 편으로 만드는 이유입니다.

최소 1년은 견뎌라!

배당 투자나 월배당 ETF 풍차돌리기를 막 시작한 분이라면 한 번

쯤 이런 생각을 해보셨을 겁니다. '생각보다 배당이 별로 안 나오는데?' '남들은 성장주로 크게 벌었다는데 나는 왜 이렇지?' '이 방식으로 정말 은퇴가 가능할까?' 이 질문들은 전혀 이상하지 않습니다. 오히려 대부분의 초보 투자자가 반드시 거치는 과정입니다. 문제는 질문 자체가 아니라, 그 질문을 어떤 기준으로 해석하느냐입니다. 배당 투자를 지금 당장 받는 금액으로 평가하기 시작하는 순간, 이 투자 방식의 장점은 작동하기도 전에 중단되기 쉽습니다.

월배당 ETF는 최소 1년이 지나야 비로소 '무엇을 만들고 있는지'가 보이기 시작합니다. 그리고 그 1년은 수익을 확인하는 시간이 아니라, 투자 시스템을 몸에 붙이는 시간입니다. 초반에 실망하는 이유는 ETF가 아니라 '기준' 때문입니다. 우리는 배당을 비율이 아니라 금액으로 봅니다.

예를 들어 1억 원을 연 7% 배당 ETF에 투자하면 월 약 58만 원이 들어옵니다. 이 숫자만 보면 생활이 바뀌지 않는다는 생각이 드는 것이 자연스럽습니다. 그러나 월배당 ETF의 목적은 지금 당장 쓸 돈을 만드는 것이 아닙니다. 핵심은 시간이 지나며 자라나는 구조에 있습니다.

월배당 ETF는 초반에 체감이 거의 없도록 설계된 투자 방식입니다. 바로 효과가 느껴지는 다이어트가 아니라, 체질을 바꾸는 운동에 가깝습니다. 처음에는 티가 나지 않지만, 어느 순간 이전과는 다른 상태에 도달해 있습니다.

남의 수익률과 내 시스템을 절대 비교해서는 안 됩니다. 배당 투자에서 가장 치명적인 것은 비교입니다. 특히 상승장에서는 그 유혹이 더 강해집니다. 성장주로 큰 수익을 냈다는 이야기를 들을수록, 배당 투자는 느리고 답답해 보입니다. 하지만 여기에는 중요한 전제가 빠져 있습니다. 성장주 투자와 배당 투자는 게임의 규칙이 다릅니다. 성장주는 맞으면 크게 벌지만, 틀리면 크게 흔들립니다. 반면 배당 투자는 맞히는 게임이 아니라 살아남는 게임입니다. 배당 투자에서 중요한 질문은 "누가 더 빨리 벌었나"가 아닙니다. "누가 끝까지 버텼나"입니다. 월배당 ETF 풍차돌리기는 마라톤을 완주하기 위한 호흡 훈련에 가깝습니다.

특히 '금액'이 아니라 '증가율'을 봐야 합니다. 이번 달에 금액을 보면 실망할 수밖에 없습니다. 대신 작년 같은 달보다 얼마나 늘었나를 봐야 합니다. 월배당금이 10만 원에서 12만 원으로 늘었다면, 중요한 것은 2만 원이 아니라 증가하는 구조가 작동하기 시작했다는 사실입니다. 재투자로 수량이 늘고, 배당이 배당을 낳기 시작하면 월배당 ETF는 단순한 상품이 아니라 현금흐름 엔진으로 인식되기 시작합니다. 처음에는 작은 시동 모터처럼 느껴지지만, 시간이 지나면 회전하는 힘이 붙습니다. 그때부터 배당은 이벤트가 아니라 삶의 일부가 됩니다.

월배당 ETF의 목적은 '월급 대체'가 아니라 '현금흐름의 자동화'입니다. 많은 분들이 월배당 ETF를 시작할 때 은근히 월급 대체를 기대합니다. 방향은 맞지만 순서가 다릅니다. 월급 대체는 결승점에 가깝습니다. 시작점은 훨씬 현실적이어야 합니다.

✓ '1년을 견딘 사람'에게만 생기는 변화

여러 사례를 종합해보면 체감 시점은 비교적 분명합니다.
- 1년 차: "이게 맞나?"라는 의심의 시기
- 2년 차: 배당이 숫자로 인식되기 시작
- 3년 차: 구조가 보이고 행동이 안정화
- 5년 차 이후: 풍차돌리기가 자동화 단계로 진입

특히 3년을 넘기면 배당은 투자자의 행동을 바꾸는 힘을 갖기 시작합니다. 이 편안함이 장기 성과의 핵심입니다. 복리는 수익률이 아니라 빈도에서 차이가 납니다. 복리는 큰 수익률의 문제가 아닙니다. 반복의 문제입니다. 월배당 ETF는 1년에 12번 재투자할 기회를 제공합니다. 이 작은 반복이 5년, 10년 쌓이면 결과는 전혀 달라집니다. 인생의 재무는 한 방이 아니라, 반복이 바꿉니다.

✓ 도전 과제, 배당으로 고정비 하나를 없애라!

앞에서도 이야기했지만 배당을 현실과 연결하는 가장 좋은 방법은 고정비 대체입니다. 렌탈료, 통신비처럼 매달 빠져나가는 지출의 일부라도 배당이 대신 내기 시작하면, 배당 투자는 삶의 구조를 바꾸는 도구로 변합니다. 처음부터 100%일 필요는 없습니다. 30%면 충분합니다. 현실감이 생기면 지속할 힘이 생깁니다.

7장

시장에서
오래 살아남는
성공한 투자자

폭락 속에서 살아남은 투자자들

시간을 우리 편으로 만들기로 결심했다면, 이제 남은 과제는 단 하나입니다. 그 긴 시간 동안 시장에서 어떻게 살아남을 것인가 입니다. 투자는 단거리 경주가 아니라 수십 년에 걸친 마라톤입니다. 그 여정에는 반드시 폭락장과 경기 침체, 예기치 못한 블랙 스완이 등장합니다. 그리고 바로 그 순간이 투자자의 진짜 실력을 드러내는 시점이기도 합니다.

시장은 늘 예고 없이 우리를 시험합니다. 닷컴버블이 터졌을 때 많은 투자자가 "인터넷 시대의 꿈은 끝났다"고 말했고, 2008년 금융위기 때는 "자본주의 시스템이 붕괴했다"는 절망이 퍼졌습니다. 2020년 코로나 팬데믹이 닥쳤을 때는 "시장은 다시는 회복되지 않을 것"이라는 공포가 세상을 뒤덮었습니다. 그러나 시간이 흐른 뒤 돌아보면, 위기의 순간마다 새로운 기회는 피어났고, 그 기회를 잡은 사람은 늘 시장에 끝까지 남아 있었던 투자자였습니다. 결국 시장에서의 생존은 예측의 능력이 아니라 버티는 구조에서 나옵니다. 폭락장을 피할 수는 없지만, 그 안에서 무너지지 않을 수는 있습니다.

이 장에서는 지난 수십 년간 시장을 뒤흔든 세 번의 거대한 폭락(닷컴버블과 금융위기, 블랙스완으로 상징되는 팬데믹·인플레이션·무역전쟁의 시대)을 돌아보며, 그 속에서도 꺾이지 않았던 투자자들의 공통된 원칙을 살펴보고자 합니다.

시장은 언제나 변하지만, 원칙은 변하지 않습니다. 오래 살아남는 투자자들은 '타이밍'을 맞추려 하지 않고, '시간'을 견디는 선택을 합니다. 그리고 그들이 만든 계좌는 어느새 '평생 연금 ETF 계좌'로 완성되어 있었습니다.

미국 증시 폭락 사례: 닷컴버블과 글로벌 금융위기

주식시장에는 늘 상승과 하락의 순환이 존재합니다. 2000년대 초 닷컴버블 붕괴와 2008년 글로벌 금융위기는 그 순환의 무서움을 보여준 대표적인 사례입니다.

1990년대 후반, 인터넷의 등장은 세상을 바꿔 놓았고 그 기대는 투자자들의 열광으로 이어졌습니다. 그러나 대부분의 기업은 이익을 내지 못한 채 주가만 앞서 달렸고, 결국 2000년 봄 버블은 붕괴했습니다. 나스닥지수는 5000포인트에서 1000포인트대로 추락하며 수조 달러의 시가총액이 증발했습니다.

하지만 놀랍게도 그 폭락 속에서도 살아남은 기업들은 장기적으로 세계를 지배하는 기업으로 성장했습니다. 애플, 아마존, 마이크로소프트는 바로 그 위기를 견뎌낸 기업들입니다. 폭락은 끝이 아니라 선별과 재편의 과정이었습니다.

2008년 금융위기 역시 마찬가지였습니다. 부동산 가격은 끝없이 오를 것이라는 착각 속에서 부실한 대출이 쌓였고, 그 부채는 파생상품으로 포장돼 전 세계 금융 시스템으로 퍼졌습니다. 리먼브라더스의 파산을 계기로 시스템은 붕괴했고, S&P500지수는 1년 만에 절반 가까이 하락했습니다. 수많은 투자자들이 공포 속에 시장을 떠났습니다.

그러나 이 위기 속에서도 존슨앤존슨, 코카콜라, 프록터앤갬블처럼 배당을 지켜온 배당킹 기업들은 끝내 무너지지 않았습니다. 주가는 흔들렸지만 배당은 꾸준히 지급됐고, 그 현금흐름은 투자자에게 '이 기업은 여전히 살아 있다'는 확신을 주었습니다. 폭락은 두려운 시간이지만, 동시에 진짜 기업과 허상의 기업을 가려내는 시험대이기도 합니다.

블랙스완의 시대:
팬데믹, 인플레이션, 무역전쟁

예측할 수 없는 사건이 세계 경제를 뒤흔드는 순간이 있습니다. 이를 우리는 '블랙스완(Black Swan)'이라 부릅니다. 기존의 데이터와 경험으로는 예측할 수 없지만, 일단 발생하면 세상에 거대한 충격을 주는 사건입니다. 2008년 금융위기, 2020년 코로나 팬데믹, 2025년 무역전쟁 모두 그러한 사례입니다.

2020년 코로나 팬데믹은 전 세계 경제를 순식간에 멈춰 세웠습니다. 공장과 항공기는 멈췄고, 거리의 상점은 문을 닫았습니다. S&P500지수는 불과 며칠 만에 20% 이상 폭락했고, 투자자들은 공포 속에서 매도 버튼을 눌렀습니다. 그러나 그 혼란 속에서도 월배당 ETF와 배당 성장 ETF, 방어형 자산들은 꾸준한 현금흐름을 만들어냈습니다. 주가는 떨어졌지만 계좌에는 여전히 배당이 들어왔습니다. 그 흐름은 투자자에게 '시장이 멈춰도 나의 자본은 일하고 있다'는 신뢰를 주었습니다.

2022년에는 또 다른 블랙스완이 찾아왔습니다. 40년 만의 인플레이션 급등과 급격한 금리 인상입니다. 주식과 채권이 동시에 하락하는 이례적인 상황 속에서도, 에너지·리츠·고배당 ETF처럼 현금흐름을 창출하는 자산은 상대적인 방어력을 보여주었습니다. 이 시기를 지나며 우리는 다시 한 번 깨달았습니다. 성장은 멈출 수 있어도, 현금흐름은 멈추지 않아야 한다는 것입니다. 2025년, 글로벌 무역 갈등과 공급망 재편은 또 다른 불확실성을 낳고 있습니다. 그러나 불확실성이 커질수록 투자자들은 오히려 예측 가능한 현금흐름을 원합니다. 그래서 지금도 배당 ETF와 인컴 중심 자산이 주목받고 있는 것입니다.

역사는 반복해서 증명해 왔습니다. '폭풍은 지나가고 시장은 회복된다. 그러나 살아남는 투자자는 늘 같다. 현금흐름이 있는 자산에 투자한 사람이다'. 무슨 일이 일어나도 버틸 수 있는 구조를 만드는 것, 그 핵심은 결국 '현금흐름', 즉 배당입니다.

폭락장에 대응하는 방법

시장에는 늘 두 가지 시간이 있습니다. 상승장에서 자산을 늘리는 시간, 그리고 하락장에서 무너지지 않는 시간입니다. 많은 투자자가 첫 번째에만 집중하지만, 장기적으로 결과를 좌우하는 것은 두 번째 시간에 무엇을 어떻게 하느냐입니다. 결국 경제위기와 폭락장을 견뎌낸 투자자만이 오랫동안 시장에 머무르는 성공한 투자자가 될 수 있습니다. 프랑스 속담 중에 '개와 늑대의 시간'이라는 말이 있습니다. 황혼이 질 때, 저 멀리서 다가오는 동물이 개인지 늑대인지 구분하기 힘든 시간을 뜻하는 말로, 불확실성의 순간을 비유합니다. 그렇다면 지금 우리 앞에 다가오는 저 동물의 정체는 무엇일까요? 사랑스러운 반려견일까요, 아니면 굶

주림에 지친 늑대일까요?

　폭락장은 언제나 예고 없이 찾아오며, 막상 닥치면 늘 이전 어느 때보다 더 심각해 보입니다. 피터 린치는 "새로 닥친 위기는 항상 이전 위기보다 더 심각해 보인다"고 말했습니다. 이 말은 공포가 '현재형'일 때 과장되어 보이는 심리의 함정을 정확히 짚어 냅니다. 그러니 우리는 뉴스의 강도에 따라 행동하기보다, 사전에 정한 원칙에 따라 움직여야 합니다. 전 고점 대비 하락 폭이 -10%, -15%, -20%로 커질수록 충격은 커지지만, 그만큼 계획된 분할 매수와 리밸런싱이 작동해야 합니다. 공포가 커질수록 원칙의 목소리를 키우는 것, 그것이 린치가 우리에게 남긴 실천적 해석입니다.

　앙드레 코스톨라니는 "우량주 몇 종목을 산 다음 수면제를 먹고 몇 년 동안 푹 자라"고 조언했습니다. 그는 시장을 맞히려는 초조함이야말로 복리를 갉아먹는 진짜 비용이라고 보았습니다. 좋은 자산을 사두고 시간이 흐르는 동안, 배당은 계좌를 숨 쉬게 합니다. 월·분기 배당이 계좌에 찍히는 리듬은 폭락장에서도 '내 자본이 여전히 일하고 있다'는 신호를 보내고, 자동 재투자는 가격이 낮을수록 더 많은 지분을 모으는 역설적인 이점을 제공합니다. 결국 코스톨라니의 한 문장은 인내를 미덕이 아닌 '수익 공식'으로 바꿔 놓습니다.

　워런 버핏은 더 단호합니다. "보유 주식이 50% 급락하는 것을 견뎌낼 자신이 없는 사람은 주식투자를 하지 말아야 한다." 급락을 견디게 하는 힘은 기개가 아니라 설계에서 나오기 때문입니다. 평소에 현금성 자산을 10~30% 확보해 두고, 시장에서 검증된 배당형이나 지수형 ETF를 중심으로 건강한 포트폴리오를 구성하며, 배당금을 활용한 재투자의 원칙을 지켜간다면 하락은 공포가 아니라 또 다른 기회의 신호가 됩니다.

세 거장의 말은 서로 다른 듯 보이지만 하나의 흐름으로 이어집니다. 공포는 항상 현재형에서 과장되므로 원칙이 필요하고(린치), 좋은 자산을 사두었다면 빈번한 확인 대신 기다려야 하며(코스톨라니), 그 시간을 견디게 하는 힘은 미리 준비한 유동성과 분산된 구조에서 나온다(버핏)는 것입니다. 여기서 배당 ETF의 역할이 뚜렷해집니다. 배당은 가격이 흔들릴 때도 현금흐름을 유지해 투자자의 호흡을 지켜주고, 재투자를 통해 회복기의 탄력을 키워 줍니다. 린치의 통찰은 공포의 과장을 통제하는 법을, 코스톨라니의 유머는 시간을 우리 편으로 만드는 법을, 버핏의 경고는 구조로 살아남는 법을 가르칩니다.

세 문장을 한 줄로 요약하면 이렇습니다. 공포는 매번 새롭지만 원칙은 낡지 않고, 좋은 자산은 시간이 채워 주며, 생존은 예측이 아니라 설계에서 나온다는 것입니다. 그렇다면 폭락장은 피해야 할 사건이 아니라, 준비된 투자자에게는 평생 연금 ETF 구조를 더 단단하게 만드는 계기입니다. 오늘도 우리는 뉴스 대신 규칙을 따르고, 주가 대신 현금흐름을 확인하며, 타이밍 대신 시간을 선택합니다. 그 선택이 쌓일수록 계좌는 흔들려도 우리의 투자는 흔들리지 않습니다.

나스닥이 이렇게나 올랐는데, 지금 들어가도 될까?

차트를 보면 역사적 고점처럼 보이고, 뉴스마다 '사상 최고치'라는 말이 쏟아집니다. 이럴 때 '혹시 지금이 꼭지 아닐까?'라는 불안감 때문에 선뜻 투자를 시작하지 못합니다. 하지만 역설적으로 시장은 대부분 이런 순간에도 꾸준히 우상향해 왔습니다. 결국 중요한 것은 '고점이냐 저점이냐'가 아니라, '어떻게 들어가고 얼마나 오래 버티느냐'입니다. 나스닥이 역사적 고점 구간에 있을 때 투자자는 어떻게 진입해야 하는지 그리고 '언제 살까'보다 더 중요한 '어떻게 살까'의 원칙을 함께 살펴보겠습니다.

지금처럼 나스닥이 역사적인 고점에 있을 때, 많은 분들이 '이제 폭락이 오는 것 아닐까?' 하는 두려움을 갖습니다. 하지만 통계적으로 보면 그런 극단적인 폭락은 생각보다 드뭅니다. 미국 뉴욕증시 100년의 역사를 살펴보면, 약 10% 수준의 조정장이 올 확률은 약 40%, 즉 2~3년에 한 번꼴로 찾아옵니다. 반면 25% 이상 하락하는 약세장은 약 20% 확률로 다섯 번 중 한 번꼴이며, 50% 폭락장은 단 2%, 즉 100년 동안 딱 두 번 정도 경험할 수 있는 사건입니다. 얼마 전 97세의 나이로 은퇴를 선언한 워런 버핏 역시 67년 동안 버크셔 해서웨이를 이끌며 50% 폭락장을 단 두 번 경험했다고 밝힌 바 있습니다.

-10%에서 -20% 정도의 조정은 '언제 올까'를 고민할 대상이 아니라, '매년 찾아오는 자연스러운 과정'으로 받아들여야 합니다. 시장은 반복적으로 출렁이지만, 그 안에서 꾸준히 우상향해 왔습니다. 따라서 중요한 것은 '하락을 피하는 방법'이 아니라, '하락을 전제로 포트폴리오를 설계하는 방법'입니다. 내 포트폴리오가 시장이 10%나 20% 하락했을 때도 견딜 수 있는 구조인지 끊임없이 점검해야 합니다.

나스닥이 15% 이상 하락하는 '저점 구간'은 거의 매년 찾아옵니다. 최근 5년 동안 나스닥지수가 15% 이상 하락했던 주요 시점을 살펴보면 다음과 같습니다. 첫째, 2020년 3월 코로나 팬데믹 당시입니다. 공포가 시장을 지배하며 9000포인트 근처였던 나스닥은 6000포인트대까지 밀렸습니다. 둘째, 2022년 11월 대형 은행 파산설이 불거지며 1만 5000포인트까지 올랐던 지수는 1만 포인트 부근으로 급락했습니다. 셋째, 2023년 3월 SVB 파산 사태로 나스닥은 다시 1만 포인트 수준까지 하락했습니다. 넷째, 2024년 7월 엔 캐리 트레이드가 흔들리며 글로벌 변동성이 확대되자 1만 6000포인트까지 조정을 받았습니다. 다섯째, 2025년 4월 미·중 관세 전쟁 우려가 커지자 2만 포인트를 넘었던 나스닥은 다시 1만 5000포인트 선까지 하락했습니다. 다시는 볼 수 없을 것이라 여겼던 나스닥 1만 5000포인트를 불과 한두 달 만에 다시 보게 된 셈입니다.

결국 시장은 항상 오르기만 하지는 않습니다. 그러나 인내심을 가지고 기다린다면 조정장과 약세장은 언제든 마주치게 됩니다. 핵심은 분명합니다. 역사적 고점처럼 보이는 순간에도 -15% 내외의 의미 있는 조정은 반복됩니다. 따라서 우리는 '언제 폭락이 오느냐'를 맞히려 하기보다, 반복되는 조정 구간을 전제로 한 분할 매수와 리밸런싱 규칙을 미리 세워두어야 합니다. 이 규칙이 있어야만 뉴스 헤드라인이 아닌 숫자와 절차로 저점을 기회로 전환할 수 있습니다.

코로나 팬데믹 감염이 급속도로 확산되며 미국 전역이 봉쇄된 2020년 3월 16일, 이 날은 시장 참여자들에게 전염병만큼이나 공포스러운 하루였습니다. 나스닥지수가 단 하루 만에 무려 -12.32% 폭락했기 때문입니다. 공포가 극대화되는 순간에도 우

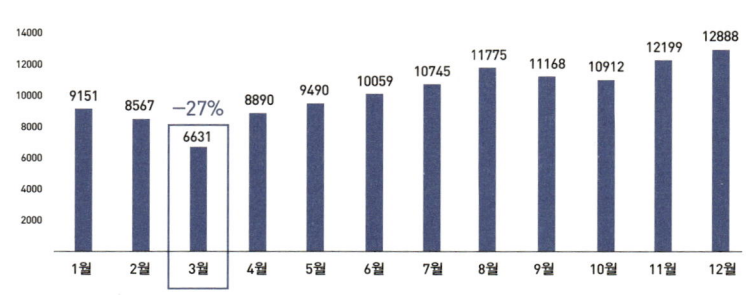

● **2020년 3월 코로나 팬데믹 시기 나스닥지수**

리는 미리 정해 둔 원칙대로 움직여야 합니다. 폭락장은 예고 없이 찾아오기 때문에, 사전에 계획을 세워 두었는지가 곧 성과의 차이로 이어집니다.

앞의 그래프는 2020년 3월 코로나 팬데믹 당시 나스닥지수의 급락과 그 이후 회복 과정을 보여줍니다. 2020년 3월, 전 세계를 덮친 팬데믹 충격으로 나스닥지수는 전월 대비 약 27% 하락, 6631포인트까지 떨어졌습니다. 이는 투자자들에게 극도의 공포와 불확실성을 안겨준 시기였습니다.

하지만 이후 시장은 놀라운 회복력을 보였습니다. 4월부터 서서히 반등하기 시작해 6월에는 1만 포인트를 돌파했고, 하반기에는 상승세가 더욱 가속화되었습니다. 결국 12월에는 1만 2888포인트로 마감하며, 팬데믹으로 인한 폭락을 완전히 만회하고 사상 최고치를 경신했습니다. 이 그래프가 전하는 메시지는 분명합니다. 나스닥이 20% 이상 급락하는 저점 구간은 언제나 '두려움의 시기'이자 동시에 '기회의 시기'라는 점입니다. 시장은 공포 속에서 일시적으로 무너질 수 있지만, 시간이 지나면 회복하고 성장한다는 자본주의의 본질적인 힘을 다시 한번 증명한 사례라 할 수 있습니다.

다음 페이지의 그래프는 2022년 하반기 인플레이션 급등과 미 연준의 가파른 금리 인상이 나스닥을 어떻게 흔들었는지를 보여줍니다. 상반기 내내 1만 4000포인트 수준을 유지하던 나스닥 지수는 인플레이션 쇼크와 미 연준의 연속적인 자이언트 스텝 충격

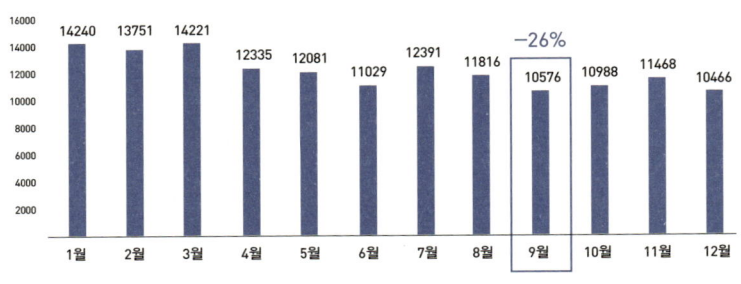

이 누적되며 하반기 들어 하락 폭이 커졌고, 9월에는 1만 576포
인트까지 밀리며 연초 대비 약 -26%의 조정을 기록했습니다. 투
자 심리가 급속히 냉각된 시점이었습니다.

　다만 인플레이션 공포가 극대화된 이후에는 기술적 반등과 저가
매수세가 유입되며 10~11월에 걸쳐 1만 988에서 1만 1468포인트
로 잠시 회복세를 보였습니다. 그러나 인플레이션 둔화 기대와 경
기 둔화 우려가 맞서는 줄다리기가 이어지면서, 12월에는 다시 1만
466포인트까지 밀리는 재조정을 겪었습니다. 즉, 2022년 하반기
시장은 '한 번에 끝나는 폭락'이 아니라, 정책 변수에 따라 흔들리
는 넓은 박스권의 소진형 하락장이었다고 정리할 수 있습니다.

　뉴욕증시 100년 역사에서 마이너스 50% 이상의 대폭락은 단
두 차례에 불과합니다. 그럼에도 많은 투자자는 -26%의 조정장
을 기회로 활용하지 못합니다. 이 구간은 지수가 10% 이상 하락

할 때마다 여유 자금을 투입해 분할 진입해야 하는 시기입니다. 만약 이때 용기를 내지 못하고 나스닥지수가 1만 포인트 아래로 붕괴되기만을 기다렸다면, 절호의 기회를 놓치고 말았을 것입니다. 끝없이 하락할 것 같았던 지수는 결국 공포를 이겨내고 회복해, 2025년 10월 기준 2만 2000포인트까지 상승했습니다. 따라서 50% 폭락장이 올 확률이 약 2%에 불과하다면, 투자자는 시장이 고점 대비 10~15% 하락하는 조정장·약세장부터 진입을 고려해야 합니다.

그래프를 이어서 보면, 우리가 언제 시장에 진입해야 하는지, 어떤 시기를 놓치지 말아야 하는지를 분명히 이해할 수 있습니다. 2020년(-27%) → 2022년(-26%) → 2025년 4월(-25%)처럼, 2020년대 들어 나스닥은 2~3년 주기로 -20% 안팎의 저점 구간을 반복적으로 만들어 왔습니다.

● **2025년 4월 미국 관세정책 전후 나스닥지수**

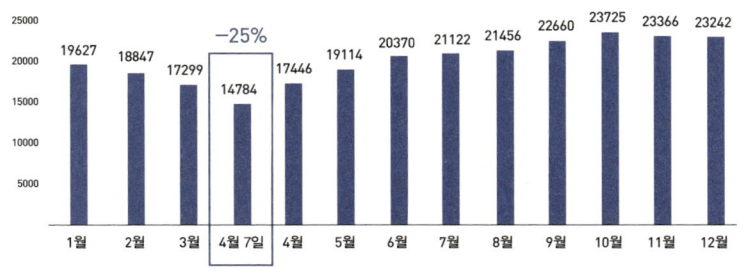

2025년 4월에도 미국 트럼프 행정부의 관세 정책 이슈로, 나스닥지수 2만 포인트 시대에 다시는 볼 수 없을 것이라 여겨졌던 1만 5000포인트 아래까지 급락했습니다. 이처럼 저점 구간은 '예측'으로 맞히는 것이 아니라, '기다림과 규칙'으로 만나게 되는 것입니다.

그렇다면 다음 진입 타이밍은 언제가 될까요? 2026년 1월, 나스닥의 전 고점은 2만 4020포인트입니다. 전 고점 대비 약 15% 이상 하락한 2만 포인트 전후 구간이라면, 미리 준비해 둔 투자금이나 여유 자금의 일부를 분할 투입하기에 충분히 고려해볼 만한 시점이 아닐까요?

결론적으로, 나스닥 −20% 전후의 저점 구간은 기다리면 반드시 찾아옵니다. 우리는 그 저점을 정확히 예측하려 애쓰기보다, 현금 보유·투자 규칙·분할 매수·배당 투자 루틴을 지켜가며 언제 올지 모를 위기를 항상 염두에 두고 대응해야 합니다. 그 준비가 되어 있다면, 다음 하락은 공포의 순간이 아니라 평생 연금 ETF 계좌를 더욱 단단하게 만들고, 배당으로 쌓아둔 여유 자금을 투입할 수 있는 절호의 기회가 될 것입니다.

주식은 언제 어떻게 사야 할까?

지금까지 폭락장에 대응하는 투자 구루들의 조언을 토대로, 뉴욕

증시 100년 역사상 대표적인 폭락장들과 2020년대 들어 2~3년 주기로 찾아오는 약세장의 패턴을 살펴보았습니다. 시장을 정확히 예측하는 것은 불가능하지만, 우리는 과거의 데이터와 경험을 통해 언젠가 다시 찾아올 조정장과 약세장을 준비할 수는 있습니다. 그렇다면 어떤 기준과 원칙을 가지고 투자에 임해야 할까요?

새로운 하락장이나 대규모 폭락장은 기존의 데이터나 경험만으로는 예측할 수 없는 경제 현상인 경우가 많습니다. 앞부분에서 설명했듯이, 이런 예측 불가능한 사건을 우리는 '블랙스완'이라 부릅니다. 검은 백조는 현실에서는 거의 존재하지 않는 예외적인 존재처럼, 2008년 세계 금융위기나 2020년 코로나 팬데믹, 그리고 최근 트럼프 행정부의 관세 이슈로 인한 시장 급락 역시 사전에 정확히 예측하기 어려운 사건들이었습니다.

이러한 블랙스완 상황에 대응하기 위한 투자 전략은 크게 세 가지로 정리할 수 있습니다. 첫째, 리스크 관리 차원에서 현금을 충분히 확보해 두는 것입니다. 현금이 달러라면 더욱 좋습니다. 시장이 불안해질수록 원·달러 환율이 상승하는 경향이 있기 때문에, 한국 투자자에게 위기 국면에서의 달러 보유는 중요한 방어 수단이 됩니다.

둘째, 방어적 자산에 대한 투자입니다. 금이나 채권처럼 시장 변동성의 영향을 상대적으로 덜 받는 자산이 여기에 해당합니다. 다만 채권은 변동성이 큰 장기채가 아니라, 1년물 이하의 초단기 채권을 의미합니다. 금융위기와 같은 블랙스완 국면에서도 적립식 매수 전략은 유효하게 작동해 왔습니다.

　셋째, 블랙스완으로 인해 과매도된 자산을 저가에 매수할 기회를 포착하는 것입니다. 이때 매수 방식은 두 가지로 나뉩니다. 단기적인 수익을 노리는 트레이딩(단타)과, 일정 금액을 주기적으로 투자해 변동성을 완화하면서 장기적으로 자산을 늘리는 적립식 투자입니다. 예를 들어 현금이 100이라면, 시장이 10% 하락할 때마다 20%씩 나누어 투자하는 방식입니다. 이러한 전략은 공포 국면에서 리스크를 분산시키고, 결과적으로 안정적인 수익을 추구하는 데 도움이 됩니다.

　실제로 코로나19 팬데믹이나 세계 금융위기 당시, 많은 투자자들이 공황 상태에서 자산을 던졌습니다. 반면 일부 투자자들은 적립식 매수를 통해 우량 자산을 낮은 가격에 꾸준히 매수했습니다. 하루이틀의 시장 흐름으로 미래를 단정하는 것은 성급한 판단일 수밖에 없습니다. 극단적인 전망이 공존하는 시장 환경 속에서, 블랙스완 투자 전략을 고민해 보는 일은 시장에서 오래 살아남기 위한 기준과 원칙을 세우는 과정이기도 합니다.

　"나쁜 매도 뒤에는 강한 반등이 온다"는 증시 격언을 들어봤을 것입니다. 경제의 기본 펀더멘털이 훼손되지 않은 상태에서 심리적 요인이나 일시적 충격으로 발생한 급락과 폭락은 대체로 과도한 매도, 즉 패닉 셀링을 동반합니다. 그리고 이후에는 수급이 정상화되며 강한 반등이 나타나는 경우가 많습니다. 2020년 코로나19 팬데믹 초기의 급락이나, 2025년 관세 이슈로 촉발된 급락은 이러한 전형적인 패턴을 잘 보여주는 사례입니다. 이처럼 나쁜 매도 이후의 반등은 공포가 아니라 기회가 됩니다.

2020년 3월, 코로나19 확산으로 미국 전역이 봉쇄되자 뉴욕증시는 말 그대로 발작에 가까운 움직임을 보였습니다. 다우지수가 하루에 10% 이상 하락한 날이 두 차례나 발생하며 시장 전반에 패닉이 확산되었습니다. 그러나 경제의 기초 체력, 즉 펀더멘털이 붕괴된 상황은 아니었기에 과매도 국면은 오래 지속되지 않았습니다.

그 공포 속에서 성급하게 '나쁜 매도'를 선택했다면, 그해 연말 다우와 나스닥이 사상 최고치를 경신하는 장면을 지켜볼 수밖에 없었을 것입니다. 반대로 과거 뉴욕증시 폭락장의 역사를 학습한 투자자였다면, 그 과매도 구간에서 분할 매수를 시작했을 것이고 불과 몇 달 만에 나스닥 기준 80%에 달하는 수익률을 경험할 수도 있었습니다. 핵심은 예측이 아니라 준비입니다.

폭락장은 누구에게나 두려운 시간이지만, '세 개의 바구니'를 미리 준비해 둔다면 이야기는 달라집니다. 현금 버킷과 명확한 규칙, 분할 매수의 속도, 리밸런싱 체계를 갖춘 투자자는 공포의 순간을 기회로 바꿀 수 있습니다. 2020년 3월 16일과 같은 극단적인 폭락의 날조차도, 준비된 투자자에게는 '무너지지 않는 시간'이자 다음 상승장의 씨앗이 됩니다.

불과 얼마 전에도 우리는 또 한 번의 기회를 마주했습니다. 2025년 4월, 트럼프 행정부의 관세 이슈로 촉발된 폭락장은 2020년

3월 코로나 팬데믹 당시와 유사한 양상을 보였습니다. 4월 3일과 4일, 나스닥이 이틀 연속 6% 가까이 급락하며 시장에는 다시 나쁜 매도가 등장했습니다. 2020년에는 전염병이, 2025년에는 관세라는 국가 정책이 전 세계를 흔들었지만, 두 경우 모두 경제의 근본적인 펀더멘털이 무너진 것은 아니었습니다. 그 결과 시장은 V자 반등을 기록하며 빠르게 회복했습니다.

폭락장과 경제위기에 살아남는 현명한 투자자

폭락장은 두려움의 시간이지만, 동시에 부의 재분배가 일어나는 시기이기도 합니다. 공포에 휩쓸린 투자자는 시장에서 퇴장하고, 원칙을 지키는 투자자는 오히려 그 순간 더 큰 기회를 맞이합니다.

현명한 투자자는 다음 세 가지를 알고 있습니다. 첫째, 현금은 산소입니다. 폭락장에서는 현금이 생존을 보장합니다. 평소 투자금의 10~30%를 현금성 자산으로 보유해 두면, 급락 시 분할 매수 여력을 확보할 수 있습니다. 둘째, 기록은 방패입니다. 시장이 흔들릴수록 감정이 앞서기 마련이지만, 사전에 정한 투자 원칙과 매수 규칙을 문서로 남겨두면 공포 속에서도 흔들리지 않을 수 있습니다. 셋째, 배당은 생명줄입니다. 가격은 떨어져도 배당이 꾸준히 들어오는 ETF는 투자자에게 매달 '숨 쉴 이유'를 제공합니다. 이 지속적인 현금흐름이 투자자의 심리를 지탱합니다. 따라서 성공한 투자자는 시장을 예측하려 하지 않습니다. 대신, 예측할 수 없는 시장에서도 자신을 지킬 수 있는 구조를 설계합니다. 그 구조의 중심에는 바로 배당 ETF, 즉 평생 연금 ETF가 있습니다.

앞서 살펴본 세 가지 원칙을 바탕으로, 폭락장을 대비해 미리 세 개의 바구니를 준비해야 합니다. A버킷은 옵션인컴·고배당 등 현금흐름을 책임지는 자산, B버킷은 배당성장·광범위 지수 등 회복과 성장을 담당하는 자산, C버킷은 현금·단기채로 구성된 비상자금(산소 탱크)입니다. 평상시에는 A와 B로 수익 구조를 만들고, C로 안전망을 유지합니다. 하락이 깊어질수록 C에서 단계적으로 B를 보강하고, 회복기에는 다시 목표 비중으로 서서히 되돌리는 것이 핵심 운용 원칙입니다. 이 과정을 통해 안정성과 수익성을 동시에 지킬 수 있습니다.

세 개의 바구니를 하나의 금융자산 포트폴리오라고 생각하면 이해가 쉽습니다. A버킷은 꾸준한 현금흐름을 제공하지만, 급락기에는 유동성 변화를 점검하며 신중하게 관리해야 합니다. B버킷은 폭락장의 핵심 매수 대상이므로, 지수 하락에 따라 단계적으로 보강합니다. C버킷은 산소 탱크 역할을 하므로 초반에 모두 사용하지 말고, 깊은 하락 구간을 위해 일부를 반드시 남겨야 합니다.

예를 들어 1억 원 포트폴리오라면 평소에는 A 30%, B 50%, C 20%로 운용하다가, 지수가 10% 하락하면 C에서 일부를 꺼내 B에 보태고, 20% 이상 하락하면 C를 조금 더 사용해 B를 추가로 보강합니다. 30% 급락이 오면 남은 현금을 두세 번에 나누어 투입하고, 이후 반등이 진행되면 목표 비중으로 서서히 되돌리며 C버킷을 다시 채웁니다. 환율이 최근 6개월 평균보다 높을 때는 매수 속도를 늦추고, 낮을 때는 비중을 조금 늘리는 방식으로 조절하면 더욱 안정적입니다.

뉴턴은 "천체의 운동은 계산할 수 있어도, 인간의 광기는 계산할 수 없다"고 말했습니다. 시장은 언제나 비이성적이고, 인간의 감정은 변덕스럽습니다. 그러나 우리는 배당과 복리라는 단단한 원칙을 통해 예측 대신 생존을 선택할 수 있습니다. "예측이 아니라, 생존이 최고의 전략이다." 이 문장은 시장에서 오래 살아남는 투자자의 비밀이며, 평생 연금 ETF를 통해 얻을 수 있는 진정한 자유의 출발점이기도 합니다.

폭락장에서도 살아남기 위해 가장 중요한 것은 시장을 맞히려는 욕망을 내려놓고, 버틸 수 있는 구조를 만드는 일입니다. 그 구조의 핵심은 현금의 여유, 기록된 원칙, 지속적인 배당, 그리고 분산된 포트폴리오입니다. 가격은 언제나 흔들리지만, 이 네 가지 기둥이 있다면 마음은 흔들리지 않습니다.

시장의 불확실성은 피할 수 없지만, 그 속에서도 매달 들어오는 배당금은 투자자의 호흡을 이어 주고, 시간이 쌓일수록 복리의 힘은 결국 여러분의 편이 되어 줄 것입니다. 결국 성공한 투자자는 타이밍을 맞히는 사람이 아니라, 시간을 견디는 사람입니다. 예측이 아닌 생존, 조급함이 아닌 인내, 단기 수익이 아닌 지속 가능한 현금흐름. 이 세 가지를 기억한다면, 여러분은 이미 폭락장 속에서도 끝까지 살아남을 수 있는 진짜 현명한 투자자의 길 위에 서 있는 것입니다.

8장

수익률만큼 중요한 환율과 세금

내 손에 남는 현금이 중요하다

아무리 훌륭한 포트폴리오라도 손에 남는 것은 세후 기준의 '원화 현금흐름'입니다. 같은 ETF를 같은 가격에 매수했더라도 환율이 언제 어떤 방향으로 움직였는지, 배당 규모가 얼마인지, 그리고 그 배당이 세법상 어떤 구간에 들어가는지에 따라 체감 수익률은 전혀 달라집니다.

우리는 흔히 투자 성과를 말할 때 연 수익률부터 떠올리지만, 실제로 가계의 생활비를 책임지고 계좌에 남는 것은 원화로 환산한 세후 금액입니다. 이 사실을 출발점으로 삼아야 합니다. 해외 자산 투자는 두 개의 파도를 동시에 탑니다. 하나는 기초자산의 수익률, 다른 하나는 원·달러 환율의 변화입니다. 이 두 요소는 각각 움직이지만, 최종 결과에서는 복리처럼 겹쳐집니다. 달러 기준으로 10% 오른 ETF라도 같은 기간 환율이 5% 상승했다면 원화 기준 수익은 약 15% 수준으로 확대됩니다. 반대로 원화가 강세로 전환되면 성과는 그만큼 희석됩니다. 환율은 눈에 잘 띄지 않지만, 결과를 조용히 바꾸는 숨은 레버리지입니다. 여기에 세금이 더해지면 계산은 한층 입체적으로 바뀝니다.

미국 배당에는 현지 원천징수 15%가 적용되고, 국내에서는 금융소득이 연 2,000만 원을 초과하는 순간 종합과세로 전환됩니다. 직장가입자의 경우 보수 외 소득이 많을수록 건강보험료 추가 부담도 발생할 수 있습니다. 즉, 같은 배당 1원이라도 누가, 언제, 어떤 구조로 받느냐에 따라 세후 결과는 크게 달라집니다. 따라서 장기 투자자일수록 "무엇을 사느냐"만큼이나 "어떻게 받느냐"를 고민해야 합니다. 포트폴리오가 커지고 배당이 생활비의 비중을 차지할수록, 환율과 세금은 성과를 가르는 결정적 변수가 됩니다.

수익률을 바꾸는 숨은 변수, 환율

달러당 원화값이 '심리적 저항선'으로 여겨졌던 1,400원대를 다시 돌파했습니다. 일부 언론과 외환 전문가들은 환율 1,600원 시대가 올 수도 있다는 경고를 내놓고 있습니다. 미국주식 투자자에게 원·달러 환율은 주가 수익률만큼이나 투자 성과에 큰 영향을 미치는 변수이기 때문에, 환율 변화에 관심을 둘 수밖에 없습니다. 환율 상승은 달러 자산의 원화 가치가 커진다는 점에서는 긍정적이지만, 동시에 수입물가 상승과 경제 전반의 부담으로 이어져 기업과 가계에 적지 않은 영향을 미칩니다.

우리나라 환율 제도는 고정환율제에서 관리변동제를 거쳐 현재의 변동환율제로 자리 잡았으며, 굵직한 위기 때마다 원화는 급격한 약세를 보였습니다. 외환위기, 글로벌 금융위기, 팬데믹, 긴축 국면은 공통적으로 '달러 강세-원화 약세'의 파동을 만들어 왔고, 이 시기에 달러 표시 자산을 보유한 투자자들은 환차익의 도움을 받을 수 있었습니다.

IMF 외환위기 당시 원화는 급격한 약세로 치달아 1997~1998년에 약 1,960원 수준까지 상승했습니다. 이후 구조조정과 외환보유액 확충이 진행되면서 2000년대 초반에는 1,000원대 초중반에서 비교적 안정적인 흐름을 보였습니다. 그러나 2008년 글로벌 금융위기가 발생하자 달러 수요가 급증하며 환율은 다시 1,570원대까지 상승했고, 위기 진정 이후 2010년대 중반까지는 대체로 1,050~1,150원대의 좁은 범위에서 등락하는 안정 국면이 이어졌습니다.

코로나 이후 인플레이션과 글로벌 금리 인상 사이클이 시작되면서 안전통화 선호와 금리 차 확대가 겹쳐 원화는 다시 약세로 기울었고, 최근 고점은 약 1,470원 수준까지 확인됩니다. 이후 환율은 경기·물가·금리 전망에 따라 등락을 반복하고 있지만, 과거와 마찬가지로 위기 국면에서는 급등하고, 안정기에는 하락하는 사이클이 반복되고 있음을 확인할 수 있습니다. 지난 30년의 환율 변천사는 이러한 패턴의 연속이었으며, 이 특성 덕분에 달러 자산은 국내 증시 하락기나 충격 구간에서 자연스러운 환헤지 역할을 하며 포트폴리오 방어에 기여해 왔습니다.

IMF 외환위기나 2008년 글로벌 금융위기처럼 큰 경제 충격이 발생하면 원·달러 환율은 급격히 상승하지만, 고점은 오래 지속되지 않는 경우가 많습니다. IMF 구제금융 합의나 한·미 통화스와프 체결과 같은 정책적 신호가 나오면, 상승 속도만큼이나 빠르게 안정 국면으로 되돌아가곤 합니다. 따라서 평소에 달러 예치금, 외화 RP, 미국 초단기 국채 등 달러 현금성 자산을 금융자산 포트폴리오의 20~30% 수준으로 유지하며 위기에 대비하는 태도가 중요합니다.

만약 향후 또다시 경제 위기가 발생해 환율이 1,800원대, 경우에 따라 2,000원 이상으로 급등한다면, 보유한 달러를 원화로 환전하는 것만으로도 상당한 환차익이 발생할 수 있습니다. 동시에 주식시장은 큰 폭의 조정을 받을 가능성이 높기 때문에, 이 시기에 확보한 환차익과 현금을 활용해 국내 우량주를 분할 매수하는 전략도 고려해 볼 수 있습니다. 이후 정부와 중앙은행의 금리 인하 및 유동성 공급으로 시장이 안정되면, 우량주는 점차 제 가치를 회복하고 환율 역시 정상 범위로 되돌아갈 가능성이 큽니다. 이 과정에서 수익이 난 자산을 일부 정리해 다시 달러를 축적해 두면 다음 사이클에도 대비할 수 있습니다.

최근 원·달러 환율 상승은 단일 요인이 아니라 여러 구조적 요인이 동시에 작용한 결과입니다. 첫째는 한·미 금리 차 확대입니다. 미국 기준금리는 여전히 한국보다 높은 수준을 유지하고 있으며, 이 금리 격차는 원화 자산의 매력을 약화시키고 달러로의 자금 이동을 촉진합니다. 둘째는 대규모 대외 투자 및 관세 협상과 관련된 불확실성입니다. 셋째는 한국 경제의 성장 둔화입니다. 성장 모멘텀이 약한 통화는 투자 매력이 떨어지기 마련이며, 이는 원화 약세로 이어질 수 있습니다. 넷째는 통화 공급 증가입니다. 경기 부양을 위한 유동성 확대는 장기적으로 통화 가치 희석 요인으로 작용합니다. 이러한 요인들이 복합적으로 작용하며 최근의 환율 상승을 이끌고 있습니다.

환율은 달러와 원화의 상대적인 가치를 나타내는 지표입니다. 일반적으로 한국 경제가 미국보다 강하면 원화 가치는 상승하고 환율은 하락하며, 반대로 한국 경제가 상대적으로 약해지면 원화 가치는 하락하고 환율은 상승합니다. 앞으로 글로벌 성장과 기업 경쟁력 측면에서 어느 쪽의 가능성이 더 커 보이는지, 투자자 스스로 질문해 볼 필요가 있습니다.

중장기적으로 금이나 달러처럼 시간이 지날수록 가치가 축적되는 자산은, 기회가 올 때마다 차분히 모아가는 전략이 유효합니다. 환율을 예측하려 하기보다, 변동성 자체를 자산으로 활용하는 관점이 장기 투자자에게 더 중요한 이유입니다.

미국주식 세금의 종류

세상에는 절대 공짜가 없고, 이익이 발생하는 곳에는 항상 세금이 따라다닙니다. 당연히 주식이나 ETF를 사고팔아 차익을 보거나 배당금을 받을 때는 세금을 내야 합니다. 그래서 세후 수익률을 잘 따져봐야 합니다. 해외주식 과세 체계에서는 매매로 번 돈과 보유 중 받은 돈을 먼저 구분하는 것이 중요합니다. 매매차익은 양도소득세의 영역이고, 배당은 배당소득세의 영역이며, 이 배당과 이자 등 금융소득이 일정 기준을 넘어서면 다른 소득과 합산되는 종합소득세로 연결됩니다. 이 세 가지가 맞물리며 최종 세후수익률이 결정됩니다. 참고로 이번 장에서 언급한 세율·요율·공제 기준은 해마다 변동될 수 있으므로, 실제 신고 시점에는 반드시 최신 기준을 확인하고 전문가의 자문을 받기 바랍니다.

⌥ 양도소득세

양도소득세는 부동산 양도세와 마찬가지로, 자산을 매도해 발생한 차익에 대해 부과되는 세금입니다. 해외 주식과 해외 ETF의 경우, 같은 과세연도에 발생한 이익과 손실은 서로 통산할 수 있으며, 연간 1인당 250만 원의 기본공제가 적용됩니다. 공제 후 남은 양도차익에 대해 세율 20%와 지방소득세 2%를 합산한 22%의 세금이 부과됩니다.

공제 후 과세표준에 따른 양도소득세는 다음 해 5월 종합소득세 신고 기간에 확정신고로 납부하게 됩니다. 예를 들어, 1년 동안 해외주식이나 ETF를 매도해 1,000만 원의 양도차익이 발생했다면, 250만 원을 공제한 750만 원에 대해 22%를 적용한 165만 원을 세금으로 납부하게 됩니다. 해외주식 양도소득세는 분리과세이므로, 종합소득세와 합산되지는 않습니다.

다만, 1인당 공제가 적용된다는 점을 고려해 배우자나 직계가족 명의로 투자할 경우에는 주의가 필요합니다. 특히 가족 명의 계좌에서 발생한 소득이 일정 기준을 초과하면 소득공제상 피부양자 자격이 박탈될 수 있으므로, 단순 절세 목적의 명의 분산은 신중히 판단해야 합니다.

또한 해외주식 양도손실의 이월공제는 제한적이기 때문에, 연말에는 반드시 남은 손익을 점검해 불필요한 이익 확정이나 손익 통산 기회를 놓치지 않도록 관리하는 것이 중요합니다. 같은 과세연도 내에서 손실을 실현해 세 부담을 조절하는 손실 실현(loss harvesting) 전략 역시 현실적인 절세 방법으로 활용되고 있습니다.

✅ 배당소득세

배당소득세는 미국 주식이나 ETF를 보유하고 배당을 받을 경우, 배당금의 15%를 미국에 원천징수 형태로 납부하게 됩니다. 이 배당소득은 국내에서는 금융소득으로 분류되어 이자소득 및 국내 배당소득과 합산됩니다.

예를 들어 코카콜라 주식 100주를 보유해 세전 배당금 46달러를 수령했다면, 실제 계좌에는 배당소득세 15%를 제외한 세후 39.1달러가 입금됩니다. 이는 이미 미국 국세청(IRS)에 배당소득세를 납부한 것이므로, 국내에서 동일한 세금을 다시 공제하거나 별도로 납부할 필요는 없습니다.

이는 한국과 미국이 이중과세 방지를 위한 '한미 조세조약'을 체결하고 있기 때문입니다. 해당 조약에 따라 배당소득에 대한 세금을 이미 한 국가에 납부했다면, 동일한 소득에 대해 다른 국가에 이중으로 세금을 납부하지 않아도 됩니다.

다만, 배당소득세를 신고해야 하는 경우가 존재합니다. 배당소득세 자체는 이미 미국에서 납부했기 때문에 한국에서 추가로 납부할 필요는 없지만, 1년간 이자소득과 배당소득 등 금융소득의 합계가 2,000만 원을 초과할 경우, 금융소득종합과세 대상이 됩니다. 이 경우에는 매년 5월 종합소득세 신고 기간에 반드시 신고해야 합니다.

✓ 종합소득세

은행 예금·적금의 이자소득과 주식의 배당소득을 합산해 1인당 연 2,000만 원을 초과하면, 그 초과분을 다른 소득과 합산해 누진 세율을 적용합니다. 이를 '금융소득종합과세'라고 합니다.

원래 금융소득종합과세 기준금액은 1인당 4,000만 원이었으나, 2013년 1월 세수 확보를 목적으로 개인별 기준금액이 4,000만 원에서 2,000만 원으로 하향 조정되었습니다. 이후 2017년부터는 종합과세 기준을 다시 연 2,000만 원에서 1,000만 원으로 낮추자는 주장도 제기되었지만, 이자·배당소득에 의존하는 고령 은퇴자들의 반발로 현재까지는 논의 단계에 머물러 있는 상황입니다. 다만 향후 초고령화가 본격화되고 생산 가능 인구가 급속히 감소할 경우, 세수 부족 문제가 심화되면서 종합과세 기준 강화 논의가 다시 등장할 가능성은 충분합니다. 이러한 배경 속에서 개인 기준 연 2,000만 원, 부부 합산 4,000만 원 이상의 금융소득이 발생하는 경우, 법인을 설립해 4대 보험을 활용하고 다양한 세제 혜택을 받는 방식을 고려하는 사례도 존재합니다.

금융소득이 연간 2,000만 원을 초과하지 않으면, 이자와 배당은 지방소득세를 포함한 15.4% 원천징수로 과세가 종결됩니다. 그러나 연간 금융소득이 2,000만 원을 초과하는 순간, 초과분은 근로소득·사업소득 등과 합산되어 누진세율(최대 45%)을 적용받게 됩니다.

이자소득과 배당소득의 합계가 연 2,000만 원을 넘을 경우, 지방소득세까지 포함하면 최대 49.5%에 달하는 고율의 세금이 부과될 수 있습니다. 이 때문에 대주주나 오너 입장에서는 세 부담을 우려해 배당을 꺼리는 경향이 나타나고, 이는 한국 기업들의 낮은 배당 성향으로 이어집니다. 이러한 구조는 흔히 말하는 '코리아 디스카운트'의 원인 중 하나로도 지목됩니다. 이 때문에 배당소득을 분리과세해 배당성향을 높여야 한다는 주장 역시 꾸준히 제기되고 있습니다.

금융소득이 종합과세로 전환되는 순간, 배당은 더 이상 독립적으로 과세가 끝나는 소득이 아니라 다른 소득과 합산되어 한계세율을 끌어올리는 역할을 하게 됩니다. 특히 급여 수준이 높은 직장인의 경우 이미 높은 세율 구간에 속해 있을 가능성이 커, 배당이 늘어날수록 체감 세후 배당률이 급격히 낮아질 수 있습니다.

따라서 연초부터 연중에 걸쳐 금융소득이 분리과세 범위에 머물 수 있을지 혹은 종합신고를 통해 공제·세액공제와 조합하는 것이 유리할지를 미리 시뮬레이션을 해볼 필요가 있습니다. 또한 연말을 앞두고는 배당 지급 월 캘린더와 예상 배당 총액을 재점검해, 의도치 않게 금융소득종합과세로 전환되는 상황을 관리하는 것이 중요합니다.

연간 배당금이 2,000만 원 넘으면 안 되는 이유

투자자 입장에서 '연 2,000만 원'은 단순한 숫자가 아니라 세금과 건강보험료를 가르는 임계선입니다. 이 선을 넘는 순간 배당소득은 금융소득종합과세로 전환되며 누진세율의 영향을 받게 되고, 직장가입자의 경우에는 보수 외 소득에 대한 건강보험료가 추가로 부과될 가능성까지 열립니다. 같은 총배당이라도 이 기준선 아래에서 관리하면 분리과세 영역에서 과세가 종결될 확률이 높아지고, 종합과세에 따른 세 부담 급증을 피할 수 있습니다.

이 임계선을 관리하기 위해서는 몇 가지 실전 포인트를 기억해 두는 것이 좋습니다.

첫째, 배당 달력 관리입니다. 분배월이 서로 다른 ETF를 혼합해 연간 수령액이 특정 분기에 과도하게 몰리지 않도록 조절하면, 연말에 의도치 않게 기준선을 초과하는 상황을 예방할 수 있습니다.

둘째, 가족 분산 전략입니다. 부부나 성년 자녀 등 인별 과세 단위를 활용해 배당을 나누는 방식은 효과적일 수 있지만, 명의 이전 시에는 증여세, 취득가액 조정, 향후 양도차익 계산 등 부수적인 영향을 반드시 함께 검토해야 합니다.

셋째, 법인 계좌의 전략적 활용입니다. 법인은 개인과 과세 체계가 다르고 유지 비용이 수반되기 때문에, 단순한 배당 절세만을 목적으로 성급하게 설립하는 것은 바람직하지 않습니다. 법인의 목적과 현금흐름 구조, 유보·배당 정책, 대표 개인의 4대 보험 부담까지 통합적으로 시뮬레이션한 뒤 접근해야 합니다.

예를 들어 근로소득이 있는 A가 국내·해외 배당을 합산해 연 1,900만 원 수준으로 포트폴리오를 설계했다면, 통상 분리과세 범위에서 과세가 종결될 가능성이 높고 직장가입자 건강보험료가 추가 부과될 확률도 낮습니다. 반면 배당이 연 2,400만 원 수준으로 증가하는 해에는 금융소득종합과세 전환과 함께 건강보험료 추가 부과 가능성까지 동시에 높아집니다. 이 경우 같은 총

배당이라도 세후 현금흐름의 체감 차이는 상당히 커질 수밖에 없습니다.

따라서 연말이 다가오기 전까지 분기별로 국내 배당·해외 배당·이자소득을 합산해 '올해 금융소득 합계가 어디쯤 와 있는지'를 점검하는 과정이 필요합니다. 필요하다면 분배월이 다른 대체 ETF로 일부 교체하거나, 포지션 축소 또는 이연을 통해 2,000만 원 임계선을 설계적으로 관리하는 전략이 요구됩니다.

배당금 많이 받는 직장인은 건강보험료 추가로 낸다

회사라는 안전한 울타리를 벗어나면 지역가입자로 전환되며, 소득뿐 아니라 보유한 아파트 같은 부동산 재산에도 건강보험료가 부과됩니다. 월급이 끊겨 소득이 줄어드는 상황에서 달랑 집 한 채뿐인 은퇴자에게 이 건보료는 상당한 부담으로 다가옵니다.

직장에 다닐 때는 직장가입자 자격이 적용되어 재산은 제외되고 급여 소득에만 보험료가 매겨집니다. 그마저도 회사가 절반을 부담해 주기 때문에 건강보험료에 대한 체감 부담은 상대적으로 크지 않은 편이죠. 하지만 퇴사와 함께 회사라는 울타리를 벗어나면 보험료를 오롯이 혼자 감당해야 합니다. 마치 수확이 끝난 허허벌판에 홀로 서 있는 허수아비처럼, 쓸쓸함이 한꺼번에 밀려오는 순간입니다.

　개인의 재산에까지 건강보험료를 부과하는 나라는 OECD 국가 중 한국과 일본 정도에 불과합니다. 일본은 인구 감소와 고령화로 은퇴자가 급증하면서 재산 기준 부과를 일부 폐지하거나 대폭 완화해 현재 부담이 크지 않은 편입니다. 반면 우리나라는 여전히 재산에 대한 건강보험료 부과가 유지되고 있어, 퇴직자들의 체감 부담이 매우 큽니다.

　여기에 더해 부담은 앞으로 더 커질 가능성이 높습니다. 2026년부터 건강보험료율은 7.09%에서 7.19%로 인상됩니다. 3년 만의 첫 인상으로, 직장가입자는 월평균 약 2,235원, 지역가입자는 약 1,280원의 부담이 추가됩니다. 국민연금 인상 속도 역시 가파른 상황에서, 건강보험료율 10% 시대도 결코 먼 이야기가 아닙니다.

　국민연금과 건강보험료만으로 연봉의 상당 부분을 부담해야 하는 구조 속에서, 물가는 오르는데 근로자의 가처분소득은 줄어들고 은퇴자의 생활비 역시 점점 빠듯해지고 있습니다. 빠른 고령화와 인구 감소라는 흐름 속에서 대한민국은 더 많은 의료비 지출을 감당해야 하고, 그 부담은 결국 국민 개개인에게 돌아오게 됩니다.

　직장가입자의 건강보험료는 기본적으로 급여를 기준으로 산정되는 보수월액 보험료가 중심입니다. 그러나 배당·이자·임대소득처럼 보수 외 소득이 일정 기준을 초과할 경우, 별도의 소득월액 보험료가 추가로 부과될 수 있습니다.

배당금 1,000만 원 넘으면 건강보험료 폭탄?

은퇴 후 국민연금만으로는 생활이 빠듯해 은행 이자나 배당금으로 생활비를 보태려는 분들이 많습니다. 이때 가장 많이 나오는 걱정이 바로 '건강보험료 폭탄'입니다. 실제로 은퇴 후에는 직장가입자에서 지역가입자나 피부양자로 전환되며 건강보험료가 가장 큰 부담 요소로 떠오르곤 합니다.

사실 은퇴 후 받게 되는 이자소득과 배당소득 등 금융소득이 건강보험료를 늘리는 경우가 존재합니다. 다만 그 기준이 1,000만 원인지, 2,000만 원인지 늘 헷갈리는 것이 문제죠. 다음에서는 은퇴 후 금융소득에 따른 건강보험료 부과 기준이 무엇인지, 그리고 이를 어떻게 관리하면 좋을지 살펴보겠습니다.

우선 건강보험료 가입자는 크게 직장가입자와 지역가입자, 피부양자로 구분됩니다. 피부양자 요건에는 재산과 소득의 요건 둘 다 충족해야 자격을 유지합니다. 직장가입자는 4대 보험이 적용되는 근로자로서 의무적으로 가입하는 사회보장 제도에 해당하며, 보험료는 월 소득×7.09%로 산정되며, 2026년부터 7.19%로 인상될 예정입니다. 건보료에 대한 부담은 근로자와 사업주가 각각 50%씩 나눠서 부담합니다. 지역가입자는 직장을 은퇴했거나 자영업자인 사람을 대상으로 하며, 보험료는 소득과 재산을 합산해 책정됩니다. 이 경우 가입자 본인이 100% 전액을 납부합니다. 피부양자는 근로 능력이 없어 독자적으로 가입하지 않고, 건강보험 가입자의 가족으로 등록되어 혜택을 받는 대상(직계가족 등)입니다.

은퇴 후 국민연금을 받기 전까지 성인 자녀가 직장가입자라서 자녀에게 피부양자로 들어가면 건보료 부담이 줄 수 있는데요. 이때 피부양자 자격을 유지할 수 있는 요건에 대해 알아보도록 하겠습니다. 피부양자 자격은 재산과 소득의 요건 둘 다 충족해야 자격을 유지합니다. 재산세 과세표준이 5억 4,000만 원 이하인 경우 소득이 2,000만 원 이하이면 피부양자가 가능하고 재산세 과세표준이 5억 4,000만 원에서 9억 원 이하라면 소득이 1,000만 원 이하여야 피부양자가 가능합니다. 만약 재산세 과세표준이 9억 원이 넘는다면 소득이랑 아무 상관없이 지역가입자로 전환이 되는 구조입니다. 여기에서 재산세 과세표준의 주택은 주택 기준시가의 60%를 의미합니다. 주택 기준시가가 15억 원이 넘으면 소득과 관계없이 피부양자 자격이 박탈됩니다. 9억 원에서 15억 원 사이의 주택을 보유하고 있다면 소득 1,000만 원을 기준으로 판단합니다. 보유한 주택의 기준시가가 9억 원 이하라면 소득이 2,000만 원만 넘지 않으면 피부양자 자격 유지가 가능합니다. 즉 재산소득이 5억 4,000만 원에서 9억 원 사이인 분들 가운데 피부양자 자격을 유지하고 싶다면 소득이 1,000만 원을 넘지 않도록 관리해야 합니다.

먼저 재산 요건입니다. 재산세 과세표준 합계가 5억 4,000만 원 이하이면 재산 요건을 충족합니다. 과세표준이 5억 4,000만 원을 초과해 9억 원 이하인 경우에는 예외적으로 연 소득이 1,000만 원 이하일 때만 피부양자로 인정됩니다. 과세표준이 9억 원을 넘으면 피부양자 인정이 되지 않습니다. 참고로 형제·자매를 피부양자로 올릴 때는 더 엄격하여 재산세 과세표준 합계가 1억 8,000만 원 이하여야 합니다. 다음은 소득 요건입니다. 근로·사업·연금·기타·금융소득 등을 모두 합산한 연 합산소득이 2,000만 원 이하여야 합니다. 다만 금융소득(이자+배당)은 1,000만 원 이하까지는 합산소득 계산에서 제외되고, 1,000만 원을 초과하는 순간부터 합산소득에 포함됩니다. 또한 기혼자는 소득을 부부 합산으로 판단하므로, 부부 합산 연 소득이 2,000만 원을 넘으면 두 사람 모두 피부양자 자격을 잃게 됩니다. 근로·사업소득이 발생하면 그 금액이 합산소득 한도에 그대로 반영됩니다(비과세·퇴직소득 등은 별도 규정 확인). 정리하면, 피부양자가 되려면 재산 요건과 소득 요건을 모두 동시에 충족해야 하며, 특히 금융소득은 1,000만 원 이하 관리, 재산과표는 5억 4,000만 원~9억 원 구간을 넘지 않도록 관리하는 것이 핵심입니다. 자, 그럼 금융소득 기준에 따른 건강보험료 영향을 살펴보겠습니다.

✓ 직장가입자

직장가입자는 기본적으로 급여를 기준으로 건강보험료를 산정합니다. 여기에 금융소득(이자·배당)이 연 1,000만 원을 초과하면 '계산 대상'에는 포함되지만, 그 자체로 즉시 추가 보험료가 부과

• 국민건강보험 가입자 분류

구분	대상	보험료 산정 기준	부담 구조 및 특징
직장가입자	4대 보험이 적용되는 근로자	월 소득 × 보험료율	• 보험료율 7.09%(2026년부터 7.19%) • 근로자 50%, 사업주 50% 분담
지역가입자	직장 은퇴자, 자영업자 등	소득 + 재산 + 자동차	• 소득·재산을 산해 보험료 산정 • 가입자 본인 100% 부담
피부양자	소득이 없는 직계존속·비속 등	별도 산정 없음	• 소득·재산 요건 충족 시 보험료 부담 없음 • 직장가입자에 무임 편입

되지는 않습니다. 실제로 추가 건강보험료가 부과되는 기준은 금융소득을 포함한 보수 외 소득 합계가 연 2,000만 원을 초과할 때입니다. 즉, 1,000만 원은 포함 기준, 2,000만 원은 부과 기준이라고 기억하면 이해가 쉽습니다. 예를 들어 배당 소득이 연 1,200만 원이더라도 임대 소득이나 기타 보수 외 소득이 없다면 추가 건강보험료는 발생하지 않습니다.

⟲ 지역가입자

지역가입자는 보험료가 소득과 재산을 점수화해 산정됩니다. 이때 금융소득이 연 1,000만 원을 초과하는 순간, 초과분만 반영되는 것이 아니라 전액이 소득으로 편입됩니다. 따라서 1,000만 원을 단 1원이라도 넘기면 보험료가 눈에 띄게 증가할 수 있습니다.

직장가입자처럼 2,000만 원이라는 추가 문턱이 없기 때문에, 은퇴로 지역가입자 전환이 예정된 분이라면 연 1,000만 원 관리가 최우선 포인트입니다. 예컨대 배당이 연 1,200만 원이라면, 1,200만 원 전액이 소득으로 반영되어 보험료 부담이 크게 늘어날 수 있습니다.

⌄ 피부양자

직장가입자의 피부양자 자격을 유지하려면 합산 소득이 연 2,000만 원 이하여야 하며, 재산 요건은 별도로 적용됩니다. 금융소득은 연 1,000만 원을 초과해야 합산 소득에 포함되므로, 1,000만 원 이하면 피부양자 판정에 영향을 주지 않습니다. 따라서 다른 소득이 거의 없다면 이론상 금융소득만으로도 최대 2,000만 원까지는 피부양자 유지가 가능하지만, 1,000만 원을 넘기는 순간부터 합산에 들어가기 때문에 총합이 2,000만 원을 초과하지 않도록 각별히 관리해야 합니다.

건강보험료는 들어도 들어도 헷갈리기 때문에, 핵심만 다시 정리해 드립니다. 직장가입자라면 임대소득·프리랜서소득·사업소득이 없다면 금융소득을 2,000만 원 이하로 관리하는 것이 가장 스트레스 없는 선택입니다. 만약 다른 보수 외 소득이 있다면 금융소득을 1,000만 원 미만으로 관리해 합산 자체를 피하는 것이 유리합니다. 지역가입자(은퇴자)라면 금융소득 1,000만 원 이하 관리가 최우선이며, 부부 간 금융자산을 분산해 운용하는 전략이 효과적입니다. 또한 고배당 투자 시에는 ISA, IRP, 연금저축계좌 등 절세계좌를 적극 활용하는 것이 좋습니다. 배당을 제한 없이 받고 싶은데 종합소득세와 건강보험료 부담을 감수하기 어렵다면, 주식투자법인 설립을 통해 부부 외 또 하나의 법적 인격체를 활용하는 구조도 검토해볼 만합니다. 단, 이는 반드시 세무·보험 구조를 함께 시뮬레이션한 뒤 접근해야 합니다.

세후 기준으로 설계해야 진짜 수익률!

미국 주식투자의 진짜 수익은 주가 수익+배당 인컴±환율 효과 −세금·건보료의 결과이며, 우리는 항상 이 식을 세후 기준으로 확인해야 합니다. 이 장에서 강조드린 핵심은 세 가지입니다. 첫째, 환율 국면에 맞춘 부분 환노출과 일시적 헤지 전술로 원화 기준 현금흐름의 변동을 관리할 것. 둘째, 금융소득 2,000만 원 임계선을 의식하여 배당 달력과 가족·법인 분산을 통해 연도별 수령 총액을 설계할 것. 셋째, 미국 원천징수 15%와 국내 과세를 외국납부세액공제로 정교하게 연결하여 분리 vs 종합 신고 중 유리한 선택을 할 것.

같은 ETF를 사서 같은 배당을 받아도, 환율 국면과 과세 체계, 건강보험료 규정의 조합에 따라 손에 남는 현금흐름은 전혀 달라집니다. 그러므로 포트폴리오 관리의 초점은 단순한 명목 수익률이 아니라, 환율과 세금이 만드는 복리의 궤적을 내 편으로 돌리는 데 있습니다.

앞으로는 포트폴리오를 점검하고 평가할 때, 배당 월별 캘린더·환율 시나리오·세금·건보료 시뮬레이션을 한눈에 놓고, 매번 "세후로 내가 실제로 받는 돈이 얼마인가?"를 먼저 체크하는 습관을 들이는 것이 좋습니다. 이 습관이 장기 복리의 기울기를 바꾸고, 결국 수익률 그 자체보다 더 큰 격차를 벌려 줄 것입니다. 주가와 배당은 출발점일 뿐입니다. 환율과 세금까지 통제할 때, 비로소 우리의 투자에서 '진짜 수익'이 완성됩니다.

비극을 넘어, 마침내 희극이 될 당신의 평생 연금

1장부터 8장까지, 우리는 '연금'이라는 막연한 환상에서 벗어나 스스로 돈이 멈추지 않는 구조를 만드는 여정을 함께했습니다. 우량 배당 ETF가 어떻게 지속적으로 배당을 늘려가는지 그 구조를 해부하고, 겉보기엔 화려하지만 통장에 남는 것은 없는 고배당의 함정을 피하는 법을 살펴보았습니다. 또한 진짜 수익률을 결정짓는 환율과 세금이라는 현실적인 허들까지 꼼꼼히 짚었습니다.

무엇보다 35세에 1억 원으로 시작해 45세에 3억 원을 만들고, 나아가 평생을 책임질 연금 시스템을 구축하는 재투자 챌린지를 통해, 막연했던 머릿속 계산을 확신에 찬 선택으로 바꾸는 시간을 가졌습니다.

보통 직장인의 평균 근속연수가 20년 내외라는 점을 감안하면, 35세는 은퇴 준비를 시작하기에 결코 이른 나이가 아닙니다. 오히려 10년이라는 시간을 온전히 내 편으로 만들어 풍요로운 노후를 설계할 수 있는 마지막 골든타임입니다. 이 책에서 제시한 배당금 재투자 사례들이 보여주듯, 성공적인 노후 준비에 화려한 차트 분석이나 복잡한 기술적 매매는 필요하지 않습니다. 평범한 투자자에게 필요한 것은 시장에서 검증된 ETF를 선택하고, 최소 5년에서 10년 동안 묵묵히 버텨내는 태도입니다.

찰리 채플린은 인생을 비극과 희극의 관점으로 이야기했습니다. 투자도 이와 같습니다. 매일 파도처럼 출렁이는 주가를 가까이에서 들여다보며 일희일비하는 단기 투자는 늘 불안하고 고통스러운 비극에 가깝습니다. 당장의 하락장과 경제 위기 뉴스는 마치 내 자산이 모두 사라질 것 같은 공포를 안겨주기 때문입니다.

하지만 시선을 멀리 두고 우량한 자산과 배당 시스템에 '시간'을 투자하면 이야기는 완전히 달라집니다. 꾸준히 모아가는 미국 주식과 배당 ETF가 만들어내는 현금흐름 그리고 그 배당금을 재투자하며 눈덩이처럼 불어나는 복리의 힘은 결국 시장의 모든 변동을 잠재웁니다.

수년, 수십 년이라는 긴 시간 위에서 흔들림 없이 우상향하는 계좌와 마르지 않는 배당 소득을 마주하게 될 때, 우리가 겪었던 수많은 폭락과 횡보는 자산을 더 싸게, 더 많이 모을 수 있었던 하나의 과정이자 '희극'으로 남게 될 것입니다.

결국 투자의 진정한 승자는 단기적인 비극의 공포에 흔들리지 않고, 자신만의 투자 원칙을 끝까지 지켜내는 사람입니다.

배당을 '쓰지 않기로' 결심한 순간, 여러분의 평생 연금 시스템은 이미 작동하기 시작했습니다. 흔들리지 않는 투자 습관으로, 이 글을 읽는 모든 분들이 유쾌한 희극의 결말에 도달하기를 바랍니다. 마르지 않는 배당 소득과 함께 진정한 경제적 자유를 누리기를 진심으로 응원합니다.

35세, 평생 연금을 설계할 마지막 타이밍

초판 1쇄 인쇄 2026년 3월 26일
초판 1쇄 발행 2026년 4월 8일

지은이 최윤영(황금별)
펴낸이 최순영

출판2 본부장 박태근
경제경영 팀장 박현미
편집 임경은
디자인 윤정아

펴낸곳 ㈜위즈덤하우스 **출판등록** 2000년 5월 23일 제13-1071호
주소 서울특별시 마포구 양화로 19 합정오피스빌딩 17층
전화 02) 2179-5600 **홈페이지** www.wisdomhouse.co.kr

ⓒ 최윤영(황금별), 2026

ISBN 979-11-7591-060-7 03320